JN141077

給料は当然もらって、

株で10万を1年で月収20万に！

個人投資家
坂本彰

ぱる出版

初心者でも10万円を１年で月収20万円にする道のり

※①と②の順番は入れ替え可能。
①の「よい商品（サービス）」が見つからない人は、イオンや大手家電量販店の商品に着目する。
詳細は８章。

１年後ゴール
月収20万円

⑥暴落時は「感情売り」が始まったら、論理的に買い込む

⑤最低半年間の保有＋２期連続の純利益の減で損切り

④成長株で爆発的値上がり益＋配当株で着実なリターン

③見通しが明るかったら購入。ただし初心者は100株内

②上場していたら会社の業績を１分でシンプルチェック

①この商品いい、と思った国内企業をＨＰでチェック

スタート
10万円

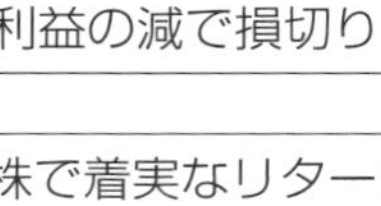

はじめに…一杯のラーメンが120万円に化けた話

数ある書籍の中から本書を手にとっていただき、ありがとうございます！

個人投資家の坂本彰《あきら》と申します。**右も左もわからない状態で投資を開始、始めに買った株は10万円でしたが、2009年から本格的にサラリーマン投資家としてスタートし、そこから8年で資産1億円を達成、**今はリタイアして専業の投資家です。

本書は、本業で忙しい人に向けた副業でもできる株式投資の本です。もちろん専業投資家にも自信を持ってオススメできますが、私自身忙しいサラリーマンだったので、

ラクに、低リスクに、着実なリターンを積み重ねる

ノウハウが中心になってます。モニターを常に監視する必要があるデイトレードや、信用取引でレバレッジをかけて一気にウン百万・ウン千万を狙うバクチ的投資とは違います。

タイトルにもあるように、本業はしっかりこなしつつ、元手10万円から1年で月収20万円を狙う、というハードルの低い投資法です。もちろん本書の手法なら大化けする株も狙

えますが、「一気にドカンと儲けて、サラリーマンとさようなら」したい人の期待に添えるような本ではありません。これは前もって述べておきます。

さて、本書は「内需株」がテーマですが、内需株の説明に入るまえに、私の投資法の4つの特長を述べておきます。

①経済知識ナシでもできるので初心者でもOK

あ、このラーメンやば、うま

って経験したことないですか?

別にラーメンじゃなくてもいいです。それが餃子でも、チャーハンでもOK。はたまたタピオカドリンク・パンケーキといった

表参道チックな食べ物だってOKです

食べ物じゃなくてもいいですよ。「このバックかっけー」「ここの店員の接客いやされるわー」「ってか、この通販サイトあれば生きていけるじゃん！」でもなーんでもいいんです。日常生活に投資のネタっていろいろ転がっているんですね。

私自身「物語コーポレーション」という企業で7倍株を達成したのですが、きっかけは「あ、このラーメン、やば、うま」です。のちに詳しく述べますが、「丸源ラーメン」というチェーン店がうまくて、詳しく調べてみたら、「物語コーポレーション」という上場している会社でした。

経営状態を調べたら悪くなかったので、同社の株に注目したら、あれよあれよという間に、株価が上昇していった次第です。この会社では120万円の利益を生むことができました。こういう具合で、私の銘柄選択は超シンプル！

「ネットワーク環境の、低コスト・高効率化のための最適解を提供するソリューション事業を中心に、時代の変化とともにICT環境のOJT化をオブジェクト指向しています。ビッグデーターのコロケーション化を…」みたいな

え、結局、何をして儲けているの？

的な会社への投資は私は避けるようにしています。ビジネスモデルは自分が理解できる範囲、が坂本式です。

②決算チェックなんて1分で終わる

「この商品（サービス）を作っている会社、いいネ」となり、上場していて株も買えるとなったら、次は業績のチェックです。「決算ってあれでしょ、数字だらけのヤツでしょ」とうんざりする人もいるでしょう。正直、その通りです。

でも決算で見るべき箇所は限られています。私は、**決算短信と呼ばれる表の「今期の純利益」と「来期の予想」の2箇所を主にチェック**しています。どれくらい「本当の利益」があって、次の見通しは「明るいのか」「暗いのか」、「明るいとしたらどの程度なのか」、それがわかれば、ザックリその会社の業績と見通しはわかるものです。

もちろん、そこからさらにその会社業績を掘り下げる必要はあるのですが、その具体的かつカンタンな手法も本書で紹介していますので、ご安心を。

ちなみに、「そもそも、身近にあるいい商品（サービス）なんて心当たりないよ～」という人は、「決算のまとめサイト」から、「今期の純利益」「来期の見通し」をチェックして、将来有望そうな会社から「商品（サービス）」を調べていく、という逆パターンで投資をしたってOKです。もちろんこういった手法も、手とり足とり具体的に記していきます。

③値上がり益＋配当で低リスクにハイリターン

私の選ぶ銘柄は「小・中型株」が中心です。要するに、トヨタとかの大企業と比べたら「ちっちゃめの会社」の株ということです。なぜかというと、株価が急騰する可能性が高いからです。

これは仕事でたとえるとわかりやすいと思います。能力がグングン伸びる時期って、若手でまだ注目されてない時期ですよね。対して、何十年と同じ会社に勤めていて役員になった人が、急に10倍も能力を伸ばすというのは考えにくい。たとえば、トヨタの時価総額が倍になったら、20兆が40兆になるわけですから、現実的でないのです。

でも、50億の規模の企業が数年で５００億企業になる可能性はあるわけです。つまり、値上がり益を狙うなら、会社名を言っても

何それ？ その会社何者？

って言われるくらいの規模のほうが、爆発的に伸びる可能性が高いのです。

でも、こういう小さな会社の株だけ買うのもリスクが高い。倒産したら株は紙くずになるからです。だから、「成長株」って呼ばれる会社の株だけ買うのはハイリスク・ハイリ

ターン。そこで、私はこの**成長株に「配当株」と呼ばれる銘柄を半々で保有**しています。

配当というのは、企業が稼いだお金を株主へ還元してくれる制度です。配当株を持っているだけで、企業から保有量に応じて、お小遣いをくれるようなイメージです。この配当株は、爆発的に成長する可能性が低い代わりに、株価の下落の影響を受けにくいという特性を持っています。

成長株で爆発的リターンを狙いつつ、下落の可能性が低い配当株で着実なリターンを重ねる、これが坂本式のポートフォリオ（資産の組合せ）です。

④半年間の保有が基本ルール。だから副業で可能

株価は日々、上がったり下がったりを繰り返しています。その上下にいちいち反応していたら、本業に集中できるわけありません。だから、私は「買ったら最低半年保有」をルールにしています。

なぜ、半年かというと、「業績が株価に瞬時に織り込まれるとは限らない」とか「四半期の売上のずれ込みを狙うため」だとか色々あるのですが、詳細は本編に譲りましょう。

とにかく、**「買ったら半年間保有」**して**「業績が2期連続で減少の場合は売る」という シンプルなルールを設ける**ことで、あなたは、

株投資なんかよりもっと重要な本業に打ち込める

わけです。そして、日々の生活を楽しんだりできるわけですね。

以上、坂本式投資の4つの特長でした。

株って、ずーっと大きく儲け続けることは難しいのですが、「あ、この相場いける」「あ、すごい企業見つけちゃった」という瞬間があります。そういうときに、大事なのは刀を抜けるかどうかなんですよね。そのとき、刀があって、鍔《つば》に手をかけていて、刀を振った経験があったら容易に切り込んでリターンを得られるわけです。

でも、チャンスのときに

えーっと刀ってどこだっけ、お母さん知らない？

みたいな状態だと、「株価が上がりきったときに買って下落↓株ってやっぱギャンブルやん！」となるわけです。

別に、たいそうな才能が必要なわけじゃありませんよ。謙遜でもなんでもなく、本当にフツーのサラリーマンだった私が資産1億を築けたわけですから。今まで、**地道に本業に打ち込んできた常識的なあなたが、1年で月収20万円を稼ぐようになるなんて全然実現可能な範囲です。**

前置きが長くなりました。次章から

なぜ、今、内需株がイケてるのか

の説明に入ります。序章〜5章が内需株の説明&投資ポイント、6章が売買タイミングなどの具体的な手法、7章が暴落時での仕込みを中心とした投資の心構え、そして8章で投資ビギナーの人が坂本式投資を実践するためのガイドラインを記しました。

本書が、あなたの人生を豊かにするきっかけになることを願って、いよいよ本編の始まりです。

目次

はじめに…一杯のラーメンが１２０万円に化けた話　3

序章　「内需株」で１００倍高も想定内

どう考えても、データー的に内需株が一番イケてます　22

２０１７年度、大化け株の上位３つ／ここ10年で見ても大化けトップ３は内需株／大化けするのにリスクも低い理由

第1章　内需株がポテンシャルありすぎる理由

日本企業の稼ぐ力は向上し続けている　28

日経平均ＥＰＳは上昇し続けている

日経平均株価は2万４０００円に再び向かう！　30

為替差益によるポジティブニュース？

米国は日本よりも好景気なのは事実 32
米大型減税は、景気拡大を引き起こす
米学生ローンの焦げ付き70兆円は超不安材料！ 34
学生ローンは就職後の消費にも悪影響
米国の長期金利上昇は株価下落の要因 36
米国株は今後、国債の利息と両天秤にかけられ続ける
だから、これから狙うは「内需成長株」なんです！ 38
米の富は中国に流れる
内需成長株が個人投資家に向いている3つの理由 40
①業種を絞ることで投資先を素早く見つけられる／②内需株は会社のイメージが掴みやすい／③高配当株も安心して長期保有できる

第2章

月収20万へのステップ①

「成長率」で超カンタンにスクリーニング

売上が急拡大中の企業を見つける4つのポイント 50
①既存事業の拡大／②新産業／③新業態／④M&A

10倍市場になった「ふるさと納税」で潤う銘柄 54
「使い勝手がよい」＋「高い返戻率」で申し込み殺到が予想
敵対的買収から友好的事業引継ぎへ M&A急成長 61
M&A市場が急拡大している背景とは？
電気自動車という未来に舵を切ったセンサー会社 65
EV車の市場規模は10倍以上になる
あえてインバウンド需要を狙わずニッチを攻める 70
他社との競争を避けるスゴすぎる立地戦略

第3章

月収20万へのステップ②

「小型株」に絞ればチャンスは10倍！

東証一部銘柄だけを追いかけるとボロ儲けできない 76
強敵のいない市場を選べ／大型株を保有対象から外すべきこれだけの理由／小型株は個人投資家の資産形成に最適な場所
有名な会社の株ほど儲かりにくい理由 81
小型株は、わずか2年で株価5倍に！

電子書籍のマンガ部門は伸びしろだらけ 85
ヒット作が出れば、大化けの可能性大！
大手ひしめくペット業界の穴場株を2つ 90
ペット保険の加入率はわずか8％／「2↓4病院体制」となる前に先回り投資

第4章

月収20万へのステップ③

「小売外食株」で食べ歩きをお金に変える

投資ハードルは低く、リターンは高い！ 96
小売外食株の王道成長パターンを知る／本業1本の会社が最良である／新規出店の増加は株価にも貢献
新業態へ進出する企業は要チェック！ 101
次なるエースを育成している会社に注目
都心部で成功する会社を一瞬で見抜く方法 106
人口流入は商圏拡大のチャンス！／「ちょい飲み需要」が大当たりの中華料理店／人口減少に負けない小売り外食株はあるか？
地方で成功する銘柄をサクッと見抜く 113

繁盛している身近なお店を見逃すな／居酒屋の銘柄で大化けを狙う方法／出店コストを抑えて、高収益も実現した秘密

第5章

月収20万へのステップ④

「配当株」で着実に利益の底上げをする

配当長者を狙えるシンプルな投資先 122
利回り＋増配が見込める優良企業を先回り買い／異業種からもストック型ビジネスへ参入／5G普及でもっともトクする会社

インフラファンドが激アツな3つの理由 127
①配当性向ほぼ１００％の還元率／②景気に一切左右されない／③知名度が低いため株価が低い

インフラファンドの超スゴい3つのリスク対策 132
①固定料金の値下げに対応するＦＩＴ制度／②固定収入＋歩合収入で天候リスクを相殺／③災害リスクも保険でカバー

4社中でもタカラレーベンインフラファンドに注目 136

第6章

超シンプルな売買ルールで利益を驚異的にアップ

最低半年の保有！　決心を支える3つの考え方　138
①企業の将来性に目を向ける／②株価だけを追いかけない／③投資資金は余裕資金の50％まで

進捗率と予想のギャップを狙い撃て　143
株価は最終的に業績で決まる／好材料を掴む要素は「分析」と「決断力」

上方修正される2条件を知って先回り投資　146
①売上高で10％以上のかい離／②営業利益・経常利益・当期純利益のいずれかで30％以上のかい離

1分で終わる決算短信のシンプルチェック法　148
利益の30％かい離は好材料につながる

決算チェックを劇的にラクにする4つの媒体　151
①証券会社の決算ニュース／②株探／③日経新聞／④コロ朝ニュース

四半期ズレ込みの2大要因を知って先回り　154
①商品の納期ズレ込み／②受注はもらっているが未納入

半期に一度の大売り出しセールを狙い撃つ　158

第7章 暴落を爆益に変える底値買いの必勝ルール

先行投資は将来の企業成長につながる 160
化粧品が絶好調、次の一手はこの会社
配当性向のコミットは、業績への自信の表れだ！ 164
配当金の下限を設定した会社は目を離すな／高配当株は、権利確定「後」に購入して、半年間キープ
長期保有を目指すなら中期経営計画を手に入れよう 168
株価5倍はそこまで難しくない／中期経営計画は企業の「未来地図」／【中計】で大化け株候補のスクリーニング
成功を掴んだきっかけは暴落にあった 176
ノーリスクでお金は増えない／やっと気付いた「負ける投資」の法則／絶望の中で生まれた希望の「仮説」
相場が「感情 v 理性」のときは大チャンス 181
株は才能不要でも、感情に支配されたら勝てない／株価急落というバーゲンセール
成長株を瞬時に見抜く5つのポイントまとめ 186

①市場規模が広がる業種・業界／②新業態／③新市場の開拓／④都心部あるいは地方で躍進する会社／⑤中期経営計画
小型株の株価上昇率はもっとも高い 189
高配当株で重要な3つの点 まとめ 190
①増配を続けている会社／②インフラファンド／③配当性向にコミット
副業投資こそ最強といえる理由 192
投資をするなら節税口座を賢く利用 193
NISA、iDeCoをサクッと理解
次のブレイク株は「内需株」で見つける！ 197

第8章 はじめての人が1年で利益を出す5つのステップ

ステップ①投資先はカンニングで決める 200
自分で銘柄を選択したいときのカンタンな方法 202
イオンで人気の「お店」に注目する／家電量販店では「人気の商品」に注目
ステップ②投資額は10～100万円から始める 204
ステップ③エントリーは悩みすぎない 205

衝動買いもOK。正し、100株のみと決める
ステップ④損失最小・利益最大にする損切りと利益確定 206
特に含み益の利益確定はなるべく我慢
ステップ⑤もっともトクする株のポートフォリオ 208
投資ビギナーは分散投資から
厳選5つ！ 本当は教えたくない私の推奨銘柄 210
おわりに…1勝1敗3引き分けでもボロ儲けできる投資法 216

装丁…安賀裕子

序章

「内需株」で
100倍高も想定内

どう考えても、データー的に内需株が一番イケてます

私は、これからの投資先として内需《ないじゅ》株を強くお勧めいたします。内需株とは、事業基盤が国内にあり、売上や利益を日本で稼ぐ企業のことを指します。主な業種は、インフラ、鉄道、金融、不動産などですが、内需株と聞いて連想するのは、地味な投資先です。

毎年着実に利益を上げているが、急成長が期待できない。業績に変動がないため、短期的に大儲けを狙う業種ではないという印象です。

しかしながら、内需＋成長している業界や企業という観点で個別企業をチェックしてくと、業績が急拡大している会社、1年で大化けする株、中には1年で株価10倍になった銘柄もあります。

上場企業は現在3600社ほどありますが、2017年、最も株価が上昇した企業をチェックしてみると、内需株という共通項が浮かび上がってくるのです。

2017年度、大化け株の上位3つ

P23の上図は2017年度、1年間を通して最も株価が上昇した会社ベスト3になりま

【2017年度、株価上昇率上位３銘柄】

順位	会社名	銘柄コード	株価上昇率
1	北の達人コーポレーション	2930	＋1025.2％
2	ペッパーフードサービス	3053	＋798.7％
3	アイケイ	2722	＋765.9％

【リーマンショック以降、株価上昇率上位３銘柄】

順位	会社名	銘柄コード	株価上昇率
1	RIZAPグループ	2928	＋1万8.846.8％
2	セリア	2782	＋8058.7％
3	ジンズ	3046	＋7059.1％

参考元：https://gendai.ismedia.jp/articles/-/57046

す。そして、下図はリーマンショック以降、ここ10年の株価上昇率のトップ３です。

まず、２０１７年度の株価上昇ベスト３の説明をしましょう。

１位は北の達人コーポレーション（２９３０）。１年間で株価が10倍以上になりましたが、同社は健康食品および化粧品のネット通販会社なのです。

２位のペッパーフードサービス（３０５３）、こちらは年間を通して株価が約８倍になりました。この会社は「いきなりステーキ」という飲食店チェーンを経営しています。

いきなりステーキという店名を

ご存知の方も多いのではないでしょうか？

同店の特徴は、前菜やスープなどのコース料理のメインディッシュとして出てくるステーキを、店名の通りステーキのみでも注文できます。

しかも立ち食いスタイルという、今までにない斬新な発想のお店でした。

従来であれば考えられない型破りなスタイルでしたが、東京都内の忙しいサラリーマン向けに受け入れられました。

低価格でステーキを提供できる仕組みを作ったことや、健康志向の高まりとともに、いきなりステーキは大ヒットしました。

３位のアイケイは通信販売と生協会員向けの販売を手掛けている会社です。

同社も年間で約７・６倍という驚異的な株価上昇率となりました。

ここ10年で見ても大化けトップ3は内需株

続いて、リーマンショック以降の上昇率ベスト（２０１８年9月時点）の説明です。

1位のＲＩＺＡＰグループ（２９２８）は1万８８４６％、つまり株価が１８８倍になったことを意味していています。２０１９年3月期の連結最終損益は70億円の赤字予想となり、これまでの急成長は一段落を迎えそうですが、恐ろしい伸び率です。

２位のセリア（２７８２）は株価80倍。セリアは１００円ショップで業界２位ですが、地盤の東海から全国展開することで店舗と株価を急成長させました。

3位のジンズ（3046）はメガネ屋です。パソコン用メガネなど、機能性アイウェアが人気。株価は70倍になりました。

こうしてみると、**すべての会社が国内の消費者向けに商品やサービスを売っていること**がおわかりいただけたと思います。

大化け株は内需株に多いのです

大化けするのにリスクも低い理由

ここで、2018年の市況を振り返ってみましょう。日経平均株価は、2018年1月には2万4000円を突破。2月は米国債利回り急騰によるNYダウの急落、3月以降は米中貿易摩擦の拡大による懸念から日経平均株価は2万6000円台まで下がりますが、10月には再び2万4000円を突破しました。

順調なようですが、**外国発による悪材料でたびたび暴落に見舞われる**ことがあります。市況のムードが一気に悪化、株価が数日、あるいは1日で暴落するような傾向は2018

年のことだけではなく、ここ5年そうです。

一例を挙げると、2016年は英国によるEU離脱シックにより6月24日の日経平均株価は急落、前日比1286・33円（7・92％）安の1万4952・02円となりました。

また同年11月にはトランプ氏が大統領選に勝利したことが伝わった東京市場と日経平均株価は激震が走り、一時的に1000円以上下落。2018年10月も米国株式市場の下落に連れて、日経平均が一時1000円以上下落したことは記憶に新しいと思います。

急落の要因は、日本がどうこういうよりも海外要因によるものが多いのです。そして今後も、引き金をひくのは日本よりも海外要因だと私は思います。

そういう意味でも初心者にこそ、内需株はオススメです。なぜなら、**内需株は輸出関連株に比べて、為替や海外の景気が業績に左右されにくい**というのが特徴だからです。暴落に動揺して市況分析もせず売る、という可能性も低いでしょう。

輸出が中心の企業だと、円高になると売上高や利益幅が少なくなるため、利益の減少要因。つまり悪材料として株価が下落してしまいます。ですが内需株の場合、原材料を海外から輸入しているケースも多く、円高になると原材料が今までより安く手に入るため、むしろ好材料となります。

海外要因による株価急変動の影響を逃れながら、ハイリターンが見込める投資先、それが内需成長株です。これからは内需＋成長率という新たな視点で有望株に注目しましょう。

第1章

内需株が
ポテンシャルありすぎる理由

¥ 日本企業の稼ぐ力は向上し続けている

2017年度の株式相場は年間を通して上昇ムードが続く相場だったため、どのタイミングで購入しても利益となる、結果を出しやすい年でした。

2018年もその流れを受けて1月は順調に株価が上昇、2万4000円台まで上がりますが、2月以降は悪材料が定期的に話題に上り、時には急落を伴うダイナミックな株価変動へ相場の環境が変わってきました。

だいたい、年に1度や2度、数日に渡って株価の急落が続き、日経平均株価がわずか数日で1000~2000円落ち込む局面があるものです。

2015年8月に起こったチャイナショックでは、日経平均株価が3日で2000円ほど急落いたしました。2016年2月には日銀のマイナス金利発表により、銀行株を中心に大きく売り込まれました。

2018年は2月に米国債利回り急騰が発端と言われている急落が発生。

ダウ工業株30種平均は前週末比1175ドル21セント（4・6％）安、下げ幅は史上最大となりました。

２０１８年度は２０１７年度の流れを受けて、そのまま株価上昇が続くというよりも、２０１６年度のような値動きに似ています。

日経平均EPSは上昇し続けている

ですが、２０１９年以降の長期スパンで株式相場を見ていくと、日経平均株価は上昇、もしくは順調であると予想しております。

その根拠ですが、やはり日本企業の稼ぐ力が、過去と大きく違う点に挙げられます。日本企業の稼ぐ力をわかりすく数値化したものに、「日経平均EPS」という指標があります。「EPS（Earnings Per Share）」とは「1株あたり利益」のことです。上場企業が稼いだ利益を発行株数で割ったもので、利益が大きければ大きいほど、その企業は儲かっているということを意味します。

EPSは普通、個別企業の数字を比較するために用いられますが、これを日本企業に置き換えたものが日経平均EPSになります。

アベノミクスが始まる前、２０１２年の日経平均EPSは約７００円でした。この当時は日経平均株価が１万円前後だった時です。

その５年後、２０１７年には日経平均EPSが２倍の１４００円まで上昇。日経平均株価も２万円を超え、年末には２万３０００円台まで駆け上がりました。

日経平均ＥＰＳは２０１８年も上昇を続けており、３月には１７００円を突破。日本企業の稼ぐ力は衰えるどころか、過去5年と比較しても、上昇ペースが加速しているのです。経済問題や政治的な駆け引きも、混乱が収まれば再び上昇基調に転じていくと判断できます。

¥ 日経平均株価は2万4000円に再び向かう！

続いて２０１８年度末から２０１９年春に向けての日経平均株価予想です。

日経平均株価と日経平均ＥＰＳは比例関係にあります。さらに、日経平均株価は日経平均ＥＰＳに12～16をかけた範囲で動く傾向があります。

3月に2万６０００円台まで下落した日経平均株価ですが、このタイミングは12倍台でした。そのため、これ以上の大幅下落は少ないでしょう。

その一方、上方向に上昇する余地は非常に大きいです。日経平均ＥＰＳは年末にかけて１７００円より上を目指し、１８００円も見えてくると感じております。

日本企業の大半は3月決算ですが、来年度の業績予想を5月に発表します。その数字が例年控えめのため、企業の進捗率が予想を上回るケースがしばしばあります。

実際、2017年度は9月から11月にかけて日経平均株価が1万9000円から2万2000円へと3000円も上昇。勢いはとどまることを知らず、2018年1月には日経平均株価2万4000円に届きました。

約半年にもわたる大相場をけん引したのが、8~9月中旬に集中した主要企業の第一四半期決算発表です。この実績がマーケット予想よりも良かったことから、世界中の投資家から買いが殺到しました。

もう一つが10月20日に行われた総裁選です。自民党の勝利が決まったことで、アベノミクスが継続する、財政再建が進むと判断した外国人投資家の買いが続きました。

昨年起こった出来事と、日本株の動向を見ていくと、外国相場要因で暴落は起こりつつも、**2017年9月以降の長期的な株価上昇が、一時的な調整はありながらも2018年度も起こる可能性が十分あります。**

為替差益によるポジティブニュース?

事実、日本電産やファナック、コマツなどは為替レートを100円で見積もっています。足元の為替レートは113円前後で推移しているため、今後の為替差益発生要因、つまりは利益増加というポジティブニュースにつながりそうなのです。

その他、先ほども書いたように主要企業の業績予想は例年控えめなので、実際の業績が会社予想の進捗率より高ければ、投資家はポジティブな反応をします。株価は一気に伸びていくでしょう。

控えめに見積もった数字、日経平均EPS1700円の14倍で計算すると、日経平均株価は2万3800円となります。2万4000円は実現不可能な数字ではなく、むしろ十分達成可能なのです。（日経平均EPSの数値ですが、キーワード検索していただくと、いくつかのホームページで今の値が出てきます。参考になりましたら）

¥ 米国は日本よりも好景気なのは事実

米国の強気材料は何と言っても好景気の継続と、2016年末に決まった大型減税です。日本企業の稼ぐ力が向上している点については前節で解説した通りですが、これはアメリカにおいても同じです。アメリカはむしろ日本よりも好景気のステージが進んでおり、FRBは好景気を抑える戦略を採用している段階に入っています。

景気が過熱してくると、借金を使ってまで投資や資産を買おうとする人が増えます。積極的な投資は良いことではありますが、同時にインフレが起こります。商品やサービスの価格が上がるのですが、それを抑える政策として、利上げを行います。

ＦＲＢは２０１５年12月、金融政策を決める連邦公開市場委員会（ＦＯＭＣ）で、金融危機後7年間続けてきた実質的なゼロ金利政策を解除することを決めました。

短期金利の指標となるフェデラルファンド（ＦＦ）金利の誘導目標を年０～０・25％から０・25～０・５％に引き上げました。

その後２０１６年に1回引き上げ、２０１７年は年3回利上げを実施しました。

２０１８年は3、6、9月に利上げを発表。このペースで進むと、年4回実施となるシナリオも考えられます。

7年間やらなかった利上げを再開し、さらに利上げ回数を増やしているという事実は、裏を返せば好景気が加速しているとも捉えられるわけです。

米大型減税は、景気拡大を引き起こす

さらに米国では、２０１７年12月、10年で10・5兆ドル（日本円で約１１５５兆円）という、とてつもない規模での大型減税が成立しました。２０１８年1月から連邦法人税率を35％から21％へと引き下げ、個人所得税も大幅に軽減するという内容です。

経済力や基盤が強い国ほど法人税も高い傾向にありますが、アメリカが法人税を大幅に

下げたことにより、法人税の引き下げを検討していた国は下げざるを得なくなりますし、引き上げ方針だった国は、現状維持となるでしょう。

法人税の減少は世界的な好循環を生み出します。

また、個人所得税も大幅減税することにより、住宅や自動車などの消費財が増え、また、その一部が投資へ向かうことも考えられます。

これらは米国株への追い風となるでしょう。日本は2018年から給与所得控除を縮小することで高所得の会社員の所得税を実質的に増税する所得税改革案が決定しました。真逆の政策となるため、羨ましいと感じる人もいるでしょうか。

¥ 米学生ローンの焦げ付き70兆円は超不安材料！

一方、気になるのが弱気材料。まず一つ目が、学生ローンの拡大です。リーマンショックを教訓に、住宅ローンについてはデフォルト率、延滞率ともに低い状況が続いていますが、それに替わってローン総額が大きく伸びているのが学生ローンと自動車ローンです。

学生ローンの借り手は約4000万人とされており、負債額は2008年7～9月期の約6100億ドルから、2017年7~9月期には約1兆3600億ドルに増加しています。

また、学生ローンが家計負債全体に占める割合も同期間中5%から10%に拡大。卒業生の約7割が学生ローンを抱えているとされています。

平均負債額は3万4000ドル。滞納率は約11%というデータもあります。

学生ローンが年々増加する背景には、米国の大学費用が非常に高額であることが挙げられます。日本の大学であれば、年間学費は100万円前後です。薬学部や医学部など、高額な学部もありますが、学費が高騰したという話しはありません。

しかし**アメリカの場合、過去25年間で大学の学費が平均4・7倍となっており、年間の授業料が3万5000ドル程度かかります**。さらに米国の大学は寮生活がスタンダードです。生活費などを含めた費用は5万ドルにもなります。極端な事例ではありますが、コロンビア大学のMBAコースは2年間の授業料が約3000万円するそうです。

学生ローンは就職後の消費にも悪影響

米100ドル札の肖像画にも描かれているベンジャミン・フランクリンの言葉に「教育への投資は最高のリターンがついてくる」という名言がありますが、3000万円払うとなると、唸るしかありません。

多額の授業料を払って、それに見合う会社で働けたらいいのですが、現実にすべての学生が入りたい会社に就職できるわけではありません。中には卒業しても就職できない、高給な職につけなかった等の理由で、学生ローンの支払いが滞るケースがあります。

その他、学生ローンがある卒業生とない卒業生では、のちの住宅所有率に5％程度の差があるなど、消費財への影響も大きいようです。

また、自動車ローンも学生ローンほどではありませんが、規模が拡大しています。2019年6月には自動車ローンと学生ローンを合わせた個人ローンの破綻額が70兆円を超え、リーマンショックを抜くという試算もあります。

米国GDPの約70％は個人消費から成り立っているため、ローンによる将来消費減少の影響が気になります。

¥ 米国の長期金利上昇は株価下落の要因

弱気材料の2つ目が米国金利です。FRBが利上げをすると、連動するように米国の長期金利も上昇傾向となります。さらに、米国の長期金利が上がれば米国国債の利回り（いわゆる利息のこと）も上昇していく流れになります。

そのため、ＦＲＢが利上げを発表するたびに、米国国債の利回りも上がっていくと連想できます。ＦＲＢが利上げを実施していることについて33ページで説明しましたが、そうなると、米国国債の利回りもますます上昇していくことが想定できます。

執筆時点の米国10年国債の利回りは３・06％、約３％です。２０１８年度の利上げが４回となった場合、米国国債の利回りは３・２％を超える可能性があるでしょう。

一方、米国高配当株の配当利回りは約５〜６％となっています。

単純に利回りだけの比較であれば、２〜３％開きがあるため、株式のほうが得られる配当金収入は多いのですが、国債は無リスクというメリットがあります。

株式は元本、つまり保有株の株価が下落して損をするリスクがあるのですが、国債の場合、その心配はありません。さらに、今後国債の利回りがさらに上がると予想すれば、**株式の一部を売却して、米国国債を買おうとする動きが加速していくことが容易に想像できます。**

米国株は今後、国債の利息と両天秤にかけられ続ける

外国人投資家はもちろん、日本株を売って米国国債を買うという選択を取りますし、日

本の機関投資家も同じように行動するはずです。米国の利上げは、好景気であることの証拠でもある一方、利上げペースが速くなると、好景気が終盤であることのシグナルを発しているとも捉えられます。そのため、株価の下落要因となるのです（図）。

日本の場合、消費者物価指数は目標とする2％にはまだ遠い位置にあり、達成する見込みもなさそうです。利上げは当面ないでしょう。

日本の個人向け国債の金利は固定3年、5年が0・05％、変動10年は0・09％。大手都市銀行の定期預金金利は0・01％しかありません。日本の高配当株の配当利回りは約4～5％あるため、米国のように、株式を売って国債を買うという動きはまず起こりません。

また、ＮＩＳＡ（少額投資非課税制度）、ジュニアＮＩＳＡ、つみたてＮＩＳＡ、個人型確定拠出年金「ｉＤｅＣｏ（イデコ）」など、貯蓄から投資への流れを後押しする制度が次々誕生しています。

だから、これから狙うは「内需成長株」なんです！

日本の株式市場にとってはアベノミクスの継続や、日本企業の稼ぐ力が向上し続けてい

【米国の利上げと日本株の関連について】

①ＦＲＢが利上げをすると、米国金利と国債利回りも上昇する
↓
②国債の利回りが上昇すると、リスク資産である株式を売り、安全資産を買うという流れが加速する
↓
③株価下落要因になり、日本株も売られる

くなど、プラス材料がたくさんあります。

一方のアメリカに目を向けてみると、日本よりも好景気のステージが先に進んでおり、ＦＲＢは出口戦略に舵を切っております。

また、学生ローン問題など景気の転換点となるような悪材料も見受けられます。

米の富は中国に流れる

その他、２０１８年に入り頻繁に取り沙汰されているのが、アメリカと中国の貿易摩擦、いわゆる米中貿易摩擦です。

トランプ大統領が中国を名指しで批判する理由には、米国の貿易赤字の約半分が中国にあるためです。

２０１７年の貿易統計（通関ベース）によると、モノの貿易赤字は７９６１億ドルでしたが、国別の貿易赤字では中国が３７５２億ドルとなっており、貿易赤字全体の47％にあたるのです。

2位はメキシコ、3位は日本でしたが、割合としては10％にもなりません。さらに中国は年々貿易赤字を増やしているため、やり玉にあがるのです。

また、赤字の大半は自動車関連のため、アメリカに輸入される自動車に対して最大25％の追加関税を検討しているというニュースもあります。

輸出関連企業は、突然の政策変更により株価が大きく変動されてしまうリスクが高いのです。それならば、**米国および海外の情勢や為替レートに影響のほとんどない内需成長株を保有株に選んでみてはどうですか？**　というのが私からの提案です。

内需成長株が個人投資家に向いている3つの理由

内需成長株が個人投資家に向いている理由は3つです。

①業種を絞ることで投資先を素早く見つけられる

現在、株式市場で売買できる業種は33業種あり、株式数は3600社もあります。この中から自分が投資したい会社を一つずつ選び出すことは、本業のあるサラリーマンや、時間の限られている個人投資家にはほぼ不可能です。

無理に近いからこそ、私のような投資の専門家がいるわけです。貴重な余暇時間をすべて投資活動に使う必要はありません。

３６００社をすべて調べる個人投資家の強者も中にはいるでしょうが、大半の投資家は、社名を聞けばすぐに事業内容を理解できる知名度の高い会社や、ブランド力のある企業から投資先を選ぶことになります。

ですが、そういった会社は世界中に自社のサービスや製品を販売している大企業ばかりなので、先ほど挙げてきたようなリスク要因が顕在化した場合、株価が大きく下がってしまいます。

大企業と「さようなら」をする勇気を持て

投資の悩みの一つに、株の損を抱えて悩んでいるというものがあります。相談を受けることがよくありますが、損失額が大きい人ほど、大企業の株を好景気の頂点で買い、その後の景気変動で大きく含み損を抱えてしまっています。

あるいは塩漬け株になってしまい動けない、というものです。

大企業の場合、その他の上場企業と比べて会社の知名度やブランド力が高いため、株価も安定しているという安心感があるのでしょう。

一度購入したら、その後の株価や業績の変化をチェックせず、ほったらかしにしていたら、いつの間にか取り返しのつかない事態になっていたというケースが目立ちます。

ならば大企業を投資対象から外すという選択をすればいいのですが、やはり聞いたこともない社名の企業や、何を売って利益を稼いでいるかピンとこない会社に、自分の大事なお金を投資しにくいと思います。

思い切って「小さな会社」を買う

であれば、あなたの生活している中で身近にある会社、いつも利用している商品やサービスを扱っている企業から投資先を選んでみるという発想を持ってみてください。

23ページでは２０１７年度株価上昇率ベスト3銘柄を紹介しましたが、そのどれもが、時価総額の比較的小さい会社ばかりです。また、リーマンショック以降の上昇率ベスト3も株価をぐんぐん伸ばしたころは、当然、時価総額の小ぶりな会社だったのです。

株価というのは、大型株だから株価が上昇するのではなく、**小型株から中型株へ。中型株から大型株、そして世界規模への大企業へと成長する過程を辿っていくことで、伸びていく**のです。

その初期段階である小型株は、実はあなたの身近な場所に存在しているのです。

②内需株は会社のイメージが掴みやすい

内需株は、国内で売上や利益を生み出しているため、**お金を払う相手企業ほぼすべてが投資対象であるとも言えます。**

自分がいつも立ち寄るお店の中から「ここはいつも使っている」「ほかの会社よりもサービスがいい。味が美味しい」「高品質なのに、価格が安い」「何度も行列ができているのを見た」「買いたいのにいつも品切れでなかなか手に入らない」など、自分の体験する中で、なにか一つでも強みのある会社や、気になったお店が上場企業ではないか、調べてみてください。

特に小売・サービス業は日常的に利用するため、新しい投資先が見つけやすいです。新規オープンしたお店は、店舗名だけではなく、上場企業なのかもチェックすることを強くお勧めいたします。

気になったお店は「上場しているか」迷わずチェック!

過去の体験の中で、大化け株になった銘柄の一つが、**物語コーポレーション（3097）**です。同社は愛知県を地盤とする焼き肉、ラーメン、お好み焼き店などの飲食店を多数展開する企業です。

この会社を知ったきっかけというのが、実はラーメン屋でした。物語コーポレーションは「丸源ラーメン」というラーメン店を展開しています。奈良県に住んでいた当時、幹線道路沿いにあるお店に入り、ラーメンを食べたところ、ものすごく美味しくて、何度も通うようになりました。

始めて行った時は、丸源ラーメンという店名と物語コーポレーションという社名が一致せず、すぐに上場企業だとわからなかったのですが、**インターネットで調べてみたら、上場企業であることがわかりました。**

会社の業績も非常に好調で利益も伸ばしていることがわかったため、2012年11月、同社に目を付けました。

そのタイミングでの株価は1900円でしたが、約1年で株価が2倍以上に。2018年5月には1万4180円まで株価が急騰しました。株価は7倍以上になりましたが、会社を見つけたきっかけというのは、誰にでもあるようシチュエーションなのです。

ただ、**その会社が上場企業かどうか確認する作業を一つ入れることによって、大化け株を掴める**チャンスが格段に上がります。

③高配当株も安心して長期保有できる

高配当株は株式を売買して売却益を得るよりも、毎年受け取る配当金を長期的にもらい続けることが主な目的になります。

【物語コーポレーション（3097）　2012〜2018年】

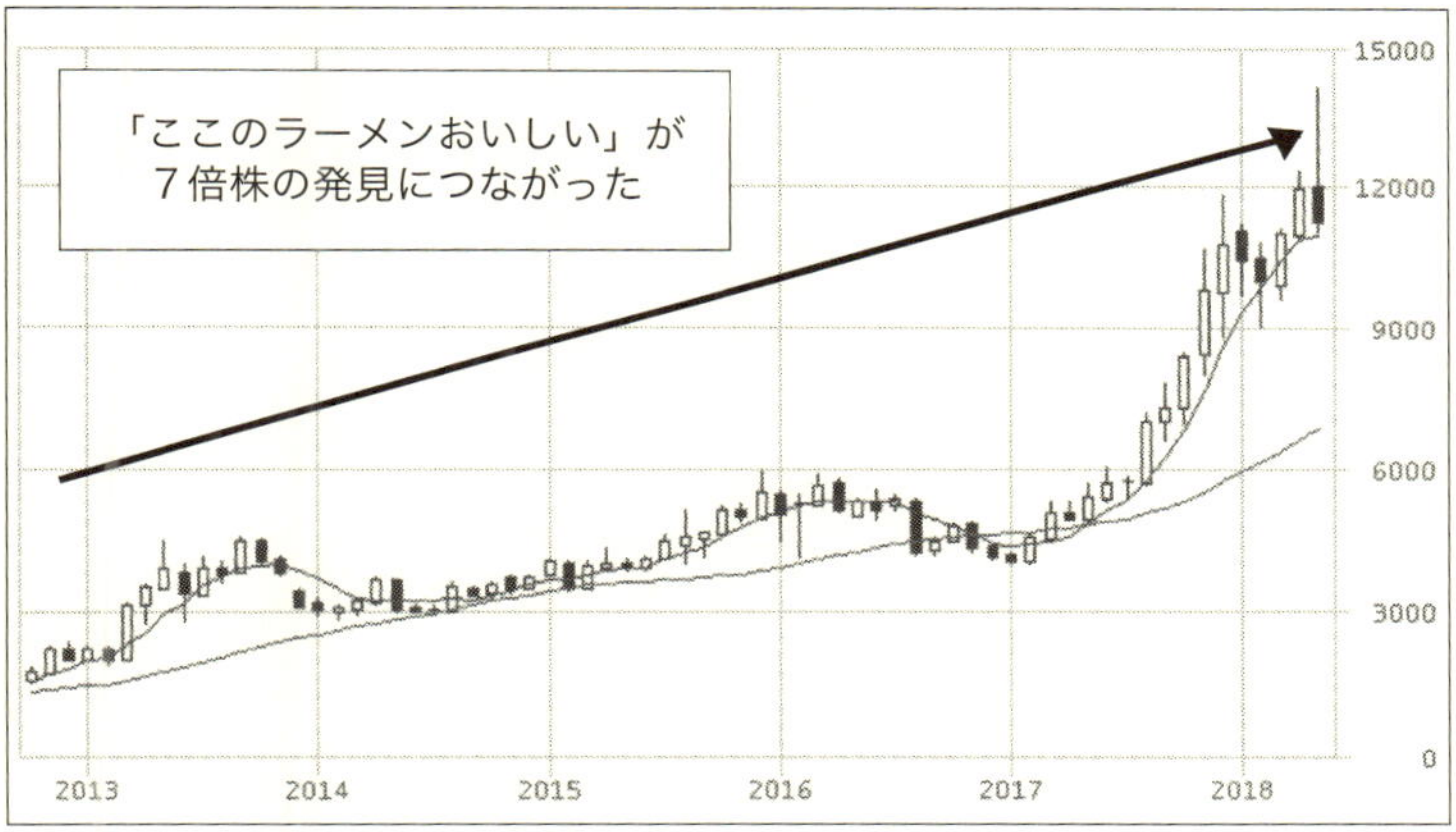

データーは執筆当時。以下同様

そのため、受取配当金が毎年多くなる。いわゆる増配基調の会社を狙うのが最善策となります。

少なくとも、安定的に配当金が得られる投資先を選ぶべきです。減配や無配転落など、受取配当金が少なくなるような投資先を選ぶべきではありません。

受取配当金が毎年増える会社を選び、保有し続けることで、配当金収入だけではなく、株価も上昇傾向となります。

配当金の成長力にも注目

その理由ですが、ある年に株価1000円、1株配当金が30円の会社、A社があったとします。購入した年の配当利回りは3%になりますが、毎年5円ずつ増配を発表したとしたら、2年後には1株配当金が40

円、４年後には50円になります。すると、２年後の配当利回りは４％、４年後には５％となるのです。投資した当初の配当利回りが３％だとしても、４年後には利回り５％まで上昇することがわかります。

さらに、**上場企業のうち、配当利回りが５％を超える会社はほんのわずかです。そのため、配当利回り５％という数値が一つの注目材料となり、Ａ社の株価も上昇していく**のです。

増配する会社は、配当金にプラスして株価上昇という恩恵ももたらしてくれます。

日本企業の配当金総額は２００９年以降、増加を続けています。２０１３年には過去最高だった２００７年の配当金総額を上回り、そこから5年連続で過去最高額を更新し続けているのです。直近、２０１７年度の配当金総額は前年度比７％増の約12兆８０００億円となりました。

また、上場企業の中で10年以上増配を続けている企業は38社（２０１８年6月時点）あり、1位の花王（４４５２）は28年連続増配を続けています。

上場企業の配当金総額が増える背景には、好業績が続いていることに加えて、株主還元強化の流れもあるようです。利益のうち、株主に配当金として渡す割合を示す配当性向が欧米に比べて低いことから、２０１８年以降も上場企業の配当総額は増加が続くと予想されています。

一方で米国株の場合、前述したように、配当利回りの上昇率以上に米国国債の利回りが

【配当金と利回り経過推移】

投資年度	配当金	配当金利回り
基準年度	30円	3.0%
1年後	35円	3.5%
2年後	40円	4.0%
3年後	45円	4.5%
4年後	50円	5.0%

上昇しています。

２０１８年は3～4回、２０１９年以降も利上げが見込まれているため、高配当株の魅力は衰えていく一方なのです。配当金が得られても、保有株の株価が下がる一方では暗い気分になるでしょうし、業績悪化や減配などの悪いニュースが発表されたら、売るに売れなくなってしまいます。

利上げというは、突発的に起こる一時的な悪材料ではなく、数年スパンで続く長期的な政策変更です。

そのため、**米国高配当株は常に米国国債と天秤に掛けられ、株価が下方向に働く力が、ますます強くなっていく**のです。

本書では、今後株価が大化けする、中には10倍以上になるポテンシャルのある内需成長株を多数採り上げていきます。その中には一部海外で事業を展開している企業もありますが、内需成長株はこれから注目のテーマになるでしょう。

【連続増配企業のランキング】

順位	増配年数	会社名	証券コード	配当利回り
1	28	花王	4452	1.65%
2	20	USS	4732	2.49%
		SPK	7466	2.82%
4	19	明光ネットワーク	4668	3.19%
		三菱UFJリース	8593	3.37%
		小林製薬	4967	0.87%
7	18	リコーリース	8566	2.31%
8	17	しまむら	8227	2.63%
		トランコム	9058	1.25%
10	16	シスメックス	6869	0.80%
		ユニ・チャーム	8113	0.88%
		リンナイ	5947	1.13%
		サンドラッグ	9989	1.69%
		東京センチュリー	8439	2.14%
		プラネット	2391	2.21%
		芙蓉リース	8424	2.59%
		科研製薬	4521	2.69%
		沖縄セルラー	9436	3.05%
		KDDI	9433	3.53%
20	15	興銀リース	8425	2.72%
		リログループ	8876	0.95%
22	14	ドンキホーテHD	7532	0.49%
		ニトリHD	9843	0.70%
		ロート製薬	4527	0.67%
		栗田工業	6370	2.02%
		アルフレッサ	2784	1.70%
		高速	7504	2.86%
28	13	イオンディライト	9787	1.71%
		三井海洋開発	6269	1.29%
		コムチュア	3844	0.95%
		ハイデイ日高	7611	1.66%
		ユニー・ファミリーマートHD	8028	0.99%
33	12	カカクコム	2371	1.80%
		みらかHD	4544	4.91%
		ハマキョウレックス	9037	1.71%
36	11	ＧＭＯペイメントゲートウェイ	3769	0.44%
		シークス	7613	1.85%
		NECネッツエスアイ	1973	3.29%

第2章

月収20万へのステップ①

「成長率」で超カンタンにスクリーニング

¥ 売上が急拡大中の企業を見つける4つのポイント

1章では内需株がなぜ投資先としてベストな候補なのかの説明をいたしました。2章からは本題でもある「では具体的に、どの会社を投資先に選んだらいいのか?」について「成長率」「小型株」「外食小売産業」「配当株」の4つを軸に話を進めていきます。

まずは、「成長率」を見ることです。日本国内全体ではGDPがほぼ横ばいとなっており、今後も少子高齢化や生産人口の減少などにより大きな伸びは期待できません。

けれども、個別企業ごとに会社をチェックしていくと、毎年売上高が10%、20%という成長を続けている会社があるのです。売上高が毎年20%伸びている会社は4年で売上高が2倍になる計算です。

売上高が増えれば利益も同じく増加することが予想できるため、まずは成長している会社を見つけるようにしてください。売上高が拡大している企業を見つけるポイントとしては、

①既存事業の拡大
②新産業
③新業態
④M&A

主に4つの着眼点があります。

①既存事業の拡大

まず最もスタンダードなのが、既存事業の拡大です。

既存の商品やサービスをリニューアルしたり、新製品を出すことによって、今よりも売上高を上げたり、シェアを拡大することができます。また、商品の値上げをすることによっても売上高を増やすことができます。それと同時にコスト削減や事業の合理化により利益率を上げることも可能です。

②新産業

続いて新産業。売上高を増加させるには、今までになかった全く新しい業種や技術革新を作り出すことにより、ゼロから大きな産業へと発展していきます。わかりやすい事例が電話です。

１９８０年代以前は自宅、もしくは公衆電話しかなかったのですが、１９８０年代から携帯電話が登場しました。続いて２０００年代にスマートフォンが発売され始めます。続けて、２００８年の夏にiＰｈｏｎｅが発売され、爆発的に普及していきました。

現在、iＰｈｏｎｅの製造元である米アップルの時価総額は1兆ドル（約１１０兆円）超えとなっています。さらに今後は、スマートウォッチやメガネなどのウエアラブル端末がスマホに置き換わると予測されています。この過程一つを振り返るだけでも、電話およびその周辺事業（携帯電話販売代理店。基地局設置工事。スマホアプリ会社。スマホゲーム会社等々）で数多くの産業や事業が産まれています。

新産業を見つけるのに、特別なスキルは必要ありません。テレビや新聞、日々の生活で常に新たな発見がありますから、それを見落とさないように意識すること。新産業の創出から普及の過程を注視しましょう。

③新業態

続いて3点目の新業態について。

これは、今の事業とは違う切り口で、新しい事業を作ることを指します。たとえば和食の飲食店が、デパ地下に和食惣菜店を新規出店する。今までユニフォームや制服を作っていた企業が、新たにカジュアル服に参入する。鞄を専門に作っていたメーカーが財布やカードケースなど、既存技術を活かした新製品、新ブランドを作る、などです。

今成功している企業の拡大は維持しつつも、将来的に第2、第3の柱となるような新業態を模索している会社というのは、10作ったもののうち、1つでも当たれば、日本中に展開できる可能性が秘められているのです。その初期段階を狙うことで、株価が大きく成長する株を掴むことができます。

④M&A

最後がM&Aです。

一昔前はM&Aは敵対的買収というイメージがありましたが、現在は企業が生み出した利益をさらなる成長につなげるため。または、内部留保を有効活用する意味でも、同業他社、もしくは異業種をM&Aすることによって売上高を急拡大される会社もあります。

ダイエットCMで有名な**RIZAPグループ（2928）**は、結果にコミットするというフレーズとともに、日本企業を積極的にM&Aすることでも有名です。

2017年度は6社、2018年は9社買収し、買収した会社の売上高だけでも2017年は300億円、2018年度は950億円ほどあります。同社は2013年以降、雑貨卸のイデアインターナショナル、衣料品ネット通販の夢展望、体型補整下着のマルコ、ジーンズメイトなどを買収し、傘下の上場企業は9社もあるのです。

RIZAPの急成長を支えた要因

それに本業を加えた売上高の上昇率はすさまじく、2016年度の539億円から2018年には1362億円へと、わずか2年で2・5倍となっています。

同社の株価は2016年2月の安値140円から2017年11月には1545円まで上昇。**2年かからず株価は11倍になりました。**

2018年11月14日に発表した2019年3月期の連結最終予想では、買収企業の不調により70億円の最終損益の見通しとなり、既存の拡大路線に見直しを迫られましたが、RIZAPの急成長を支えたのは盤石な本業収益＋新規M＆Aでした。このように、本業が好調なうえで拡大路線を取っている企業の株価は、大化けする可能性を秘めているのです。

10倍市場になった「ふるさと納税」で潤う銘柄

2014年に入り株式の売却益（キャピタルゲイン）と配当金に対する税金が以前の10・

【RIZAPグループ（2928）２年チャート】

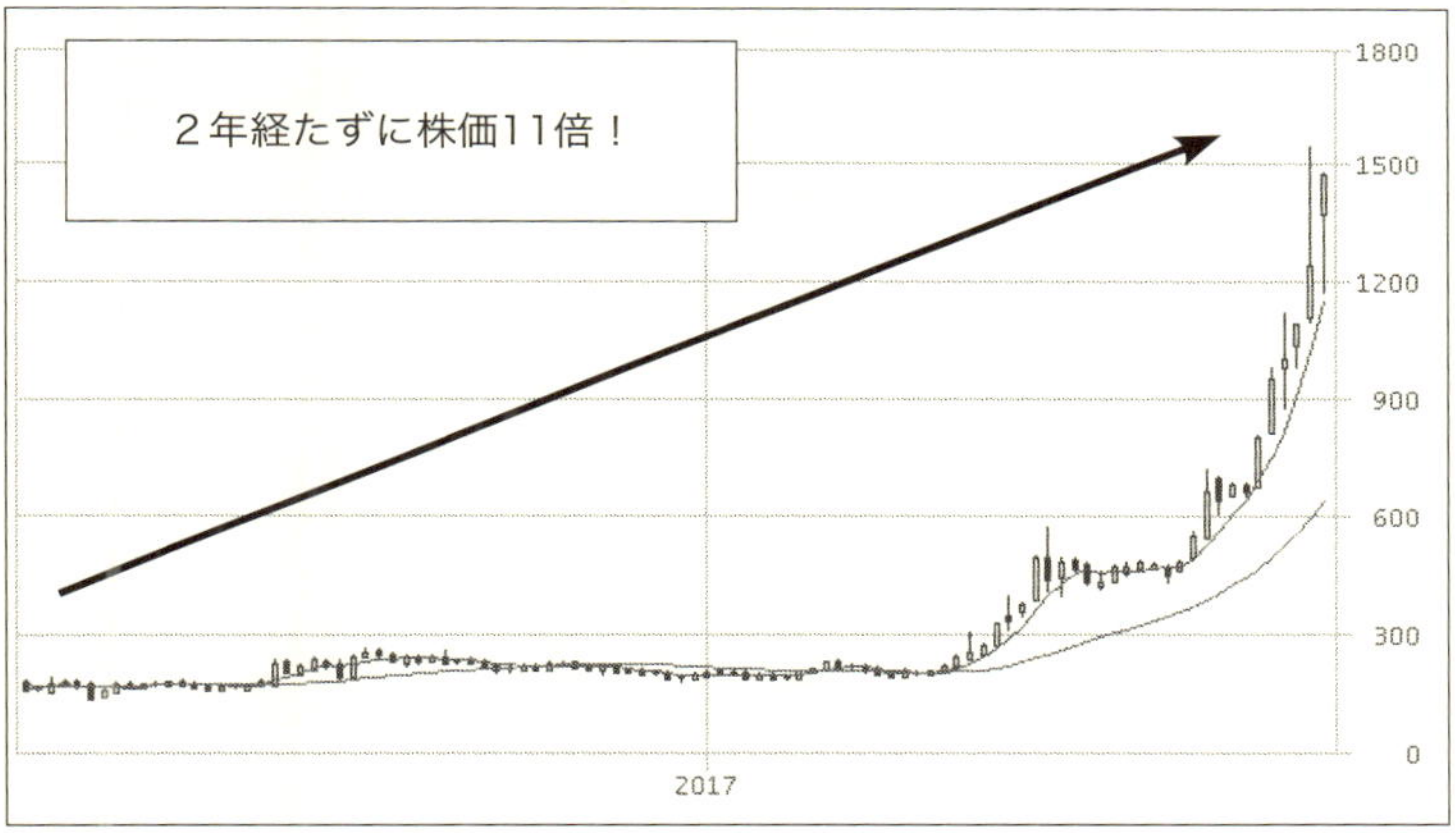

４１７％から、約2倍の20・３１５％となりました。

10％は小さいようで大きい金額でもあります。そのため私が今注目している対策の一つに「ふるさと納税」があります。

ふるさと納税とは、一種の寄付金で全国の地方自治体に寄付をすると金額や地域によって「お米、食品、特産品、宿泊券」等の返礼品がもらえる制度のことです。ふるさと納税とは２００８年4月30日に公布された地方税法等の一部を改正する法律により、個人住民税の寄附金税制が大幅に拡充される形で導入されました。

地方自治体に対する寄附金のうち、２０００円を超える部分について個人住民税所得税の概ね1割（平成27年度から2割に）を上限として所得税と合わせて控除されるため、一定以上の年収がある人なら誰でも活用できる制度なのです。（寄付金の金額や上限については人により異なるため、事前に調べておきましょう。）

ふるさと納税のふるさと納税の受入額及び受入件数は図の通りです。

平成20～25年まではふるさと納税受入金額が100億円前後で推移しておりましたが、平成26年から前年比4倍という増加率となっていきます。

この要因として「返礼品の充実」「ふるさと納税の普及」「クレジットカードでの納付など収納環境の整備」「インターネットやパンフレット作成など広報の充実」などがありますが、何といっても大きかったのが平成27年から実施された税控除枠の拡大です。

従来の1割から2倍の2割へと拡大されたことにより、ふるさと納税の対象者および対象金額が大幅に広がりました。それまでは年収500万円で寄付額の上限が約3・5万円でしたが、平成27年度からは

【ふるさと納税受入金額と件数の推移】

年度	受入額	受入件数
平成20～25年	100億円前後	10万前後
平成26年	388億円	191万7000件
平成27年	1652億円	726万件
平成28年	2844億円	1271万件
平成29年	3653億円	1730万件

7万円へと上限が引き上げられました。

その結果、平成26年までの数百億円という単位から27年以降は数千億円規模へと一気に上がっていきました。

2017年4月、総務省がお礼の品の返礼率（還元率）を3割以下に統一しましょうという通知を全国の自治体に対して発表したため、極端に高い返礼率や一部の返礼品は見直されました。

が、すべての品物が上限3割ではなく、たとえばお米の場合、1万円の寄付で20Ｋｇいただける自治体がたくさんあります。

お米を10ｋｇ買おうとすると3000～4000円するため、20Ｋｇであれば返礼率は7～8割に達しますが、今でも継続しています。

実質2000円でたくさんの返礼品がもらえるこの制度は今後も増加が続くと見込まれています。1度ふるさと納税を実施した人は、その年以降も継続的に制度を活用するため、定着率が上昇傾向となるからです。

平成29年度の受入金額は3653億円となっており、平成30年度は4000億円以上がほぼ確実となるでしょう。

「使い勝手がよい」＋「高い返戻率」で申し込み殺到が予想

急拡大が続くと予想されるふるさと納税で注目しておきたい銘柄が**アイモバイル（6535）**です。

同社はクリック課金型広告配信の草分け的存在で、他にも動画広告なども手掛けている会社です。

その他、2013年にアフィリエイト事業を開始するなど新規事業にも乗り出していますが、2014年にふるさと納税専門サイト事業に参入しました。

ふるさと納税サイト「ふるなび」は大手4社の一角を占めておりますが、ヤフーの公金支払いとのクレジットカード決済連携や使い勝手の良いギフトカードの返礼品を新設したりと、差別化に力を入れています。

ふるなびでは、1万円の寄付で5000円分の日本旅行ギフトカードがいただける返礼品が新たに追加されました。

その他、同じ1万円の寄付で4000円分のジェフグルメカードが返礼品として追加されるなど、商品ではなくギフトカードの返礼品が増えています。

従来の返礼品の場合、お礼の品が届く時期についての設定はできませんでした。生鮮品もいつ届くのかわからないため、旅行に出かけているタイミングで届いた場合、鮮度が落ちてしまうというケースもあります。また、魚や貝なども自分で調理する必要がある返礼品が大半のため、共働きをしていたり、料理が得意ではない場合、もらっても困る。調理に時間がかかってしまうなどの弊害もありました。

そういった課題も、ギフトカードという返礼品でいただければ、外食で済ませられるわけです。過去にもギフトカードや金券という種類での返礼品はあったのですが、その自治体でしか使えないものがほとんどです。

日本旅行ギフトカードやジェフグルメカード等は、全国のお店で使えるため、現地に足を運ばずとも使えます。そのため、

申込みが殺到するでしょう

株主優待品もQUOカードや商品券が大人気なように、ふるさと納税返礼品も、ギフトカードが人気化すると思われます。

さらにアイモバイルは2018年4月、保有株式数に応じて、ふるなびグルメポイントを付与するという株主優待の新設発表を行いました。保有株式数500株以上1000株未満で15000ポイント、1000株以上で30000ポイントが年に1度いただけま

【ふるなびの返礼品の一例　旅行ギフトカード】

す。

ふるなびグルメポイントは日本中の提携レストランでお食事をいただけるものです。たとえば麻布十番の一流寿司屋で山口市の阿知須牛と山口県産の魚介をたっぷりと楽しめるコースが一人15000ポイントで食べられます。

この株主優待を使うためには、ふるなびから申込みする必要があるのですが、ふるさと納税サイトを使うことにより、株主がふるなびの利用者になってくれるわけです。

ニーズを的確に捉えた返礼品。株主をふるなびの利用者に促す一石二鳥の仕掛けなど、今後も集客増による業績拡大が期待できるでしょう。

¥ 敵対的買収から友好的事業引継ぎへ　M＆A急成長

M＆Aと聞くと、一昔前であれば敵対的買収というイメージがありました。ハゲタカファンドが圧倒的な資金力を武器に会社を乗っ取り、資産を食らいつくすという姿を連想しますが、現代は「M＆A＝友好的な事業引継ぎ、継承」と捉えられる面も多く、

成長戦略の一つとして、前向きに捉える企業

が増えています。売る側・買う側ともに変化しているのです。

その要因となっているのが、企業オーナーの高齢化による後継者不足、事業継承問題です。

日本の企業数は約410万、そのうち中小企業が380万社あり、マーケットとしては非常に大きいのですが、帝国データバンクが発表した「2017年度後継者問題に関する企業の実態調査」によれば全体の約3分の2にあたる66・5％が後継者不在です。

M&A市場が急拡大している背景とは?

さらに、2013〜2015年に休廃業・解散した企業8万3555社のうち、売上高経常利益率のわかった会社の50・5%が黒字廃業しています。

黒字廃業となった原因を突き詰めると、社長の高齢化に伴い事業を誰かに譲りたいが、次の社長となる従業員や跡継ぎがおらず、自分の代で廃業となるケースが多いのです。

事実、社長の平均年齢は59・3歳。サラリーマンなら定年退職の年でもあります。

黒字の会社を無理矢理潰すくらいなら事業継承して存続して欲しいという売り手側企業の悩みと、企業成長、事業の多角化、シェア拡大など事業戦略の一つとしてM&Aを活用したい買い手側のニーズ。両者の希望を同時解決するための策としてM&Aを実施する中小企業が急増しています。

そのマッチング役がM&A会社

です。M&Aを専門とする上場企業は**M&Aキャピタルパートナーズ(6080)**、**ストライク(6196)**などがありますが、M&A委託件数、制約件数とも世界一を誇っている会社が**日本M&Aセンター（2127）**になります。

同社は中堅・中小企業を対象に、M&Aの仲介とコンサルティング事業を全国に展開しています。後継者問題を抱える中小企業と、シェア拡大や多角化などを目指す成長志向企業をマッチングさせ、9期連続で最高益を更新しています。

次ページの図は日本M&Aセンターの制約件数推移です。2013年度は203件でしたが、2018年度は649件へと増加、最低でも年率20%以上の伸び率となっており、高い時で30%以上も伸びています。

営業拠点は東京本社の他、札幌、名古屋、大阪、福岡、シンガポールとありますが、2018年4月は新たに中四国営業所、沖縄営業所の2箇所を開設しました。

2019年以降も地域に密着したM&A支援体制の構築とサービス向上。営業の展開、成長路線の継続が見込めそうです。

東京都内でも、まだ半数の経営者がM&Aに対するイメージや選択肢を持っておらず、M&Aそのものをよくわかっていないと答えている経営者が47・1%にもなるそうです。この統計の結果を踏まえてか、最近では新聞広告にM&Aや事業継承に関するセミナー開催の広告が目立つようになってきました。

認知は思っている以上に進んでいないため、マーケットの拡大余地はまだまだ大きいと判断できます。

【日本M＆Aセンター　制約件数の推移】

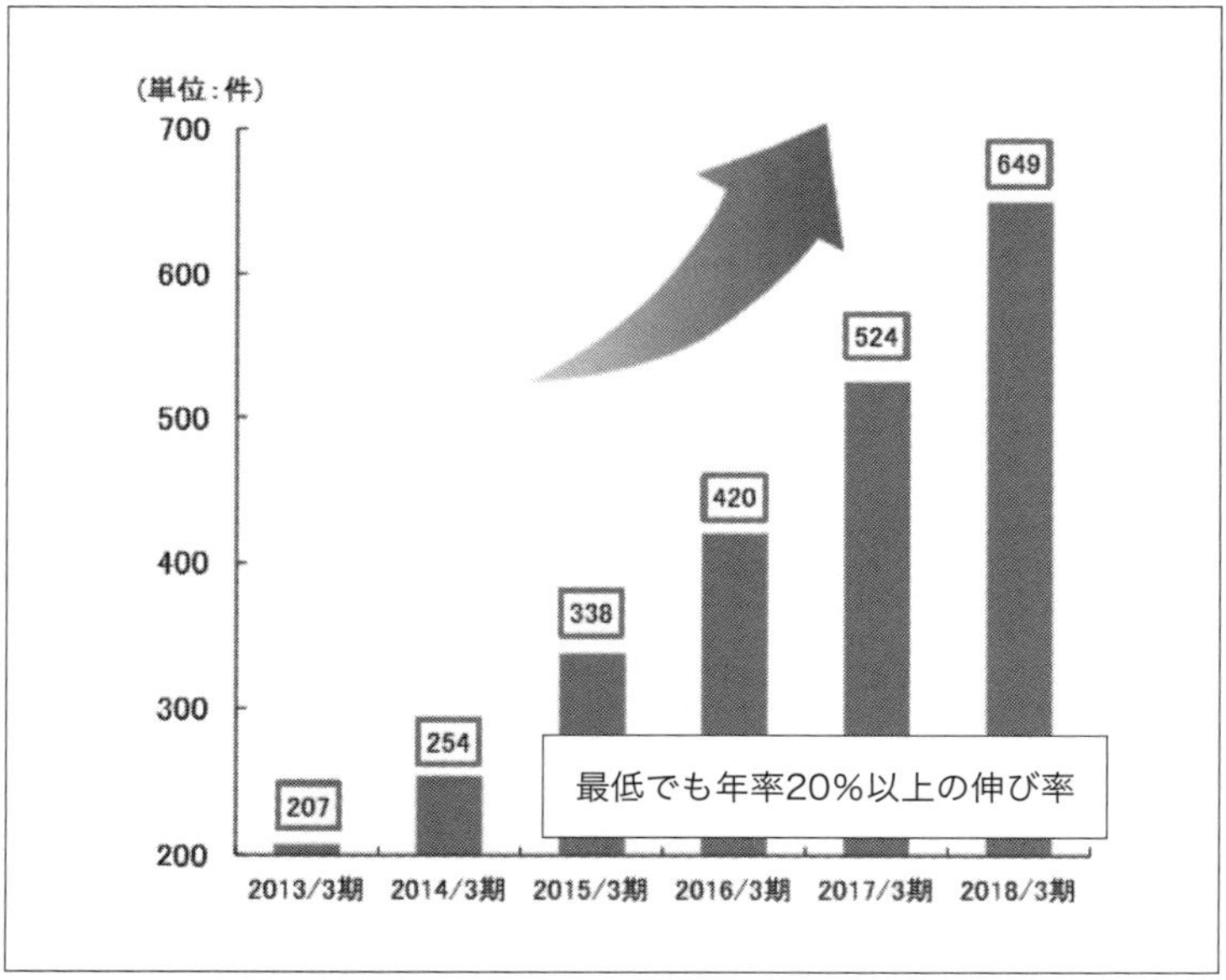

¥ 電気自動車という未来に舵を切ったセンサー会社

続いて注目してる会社が次世代自動車向けのセンサー事業を拡大している**日本セラミック（6929）**になります。

同社の扱っている赤外線センサーは国内では9割、世界で6割のシェアを誇っているほか、超音波、電流センサー、温度、ガスセンサーなど幅広い用途で展開をしている会社なのです。

現在、住宅や工場設備、家電向けに用いるセンサーと自動車用センサー、2つの主力があります。

同社の会社説明会に行ってきたのですが「これから自動車向けのセンサーに力を入れ、設備投資を加速させていく」というニュアンスの発言をされていました。

ご存知の通り、自動車は近年、衝突の危険性に対して自動でブレーキをかけたり、前走車を監視しながら適正な車間距離を維持する技術、また、減速から停止まで行うシステムなど、安全性を高めたり運転の負担を軽減するための装備が、急激に進歩しております。

自動車が人の運転を支援する段階から、将来的には自動車自らが運転をする自動運転という段階へと進んでいくのは明白ですが、これを支えるパーツの一つがセンサーになります。

日本セラミックが扱うセンサーは非常に多岐に渡っており、その部位一覧は図の通りです。

非常にたくさんのセンサーが一台の車に埋め込まれていることがわかります。車の外観を見ていくと、一番わかりやすいのがバックセンサー、コーナーセンサー、自動駐車システムです。

自動車が障害物や他の自動車とぶつからないように、警告音を発したり、回避行動を行うために必須の部品です。

このセンサーが前後のバンパー部分に合計6つあります。自動駐車システムがついている車だとさらに6つ増え、合計12個のセンサーが取り付けられているのです。

バッテリーは自動車1台に1つ。ワイパーは前後で3本、タイヤは4本（スタッドレスタイヤ合わせれば8本）ですが、センサーはこの部分だけでも6～12個必要です。他の部品と比べても数が多く、それだけ売上に貢献することがわかります。

2014年における車載用センサーの世界市場は2兆2543億円でしたが、

【日本セラミックが扱う自動車用センサーの一覧】

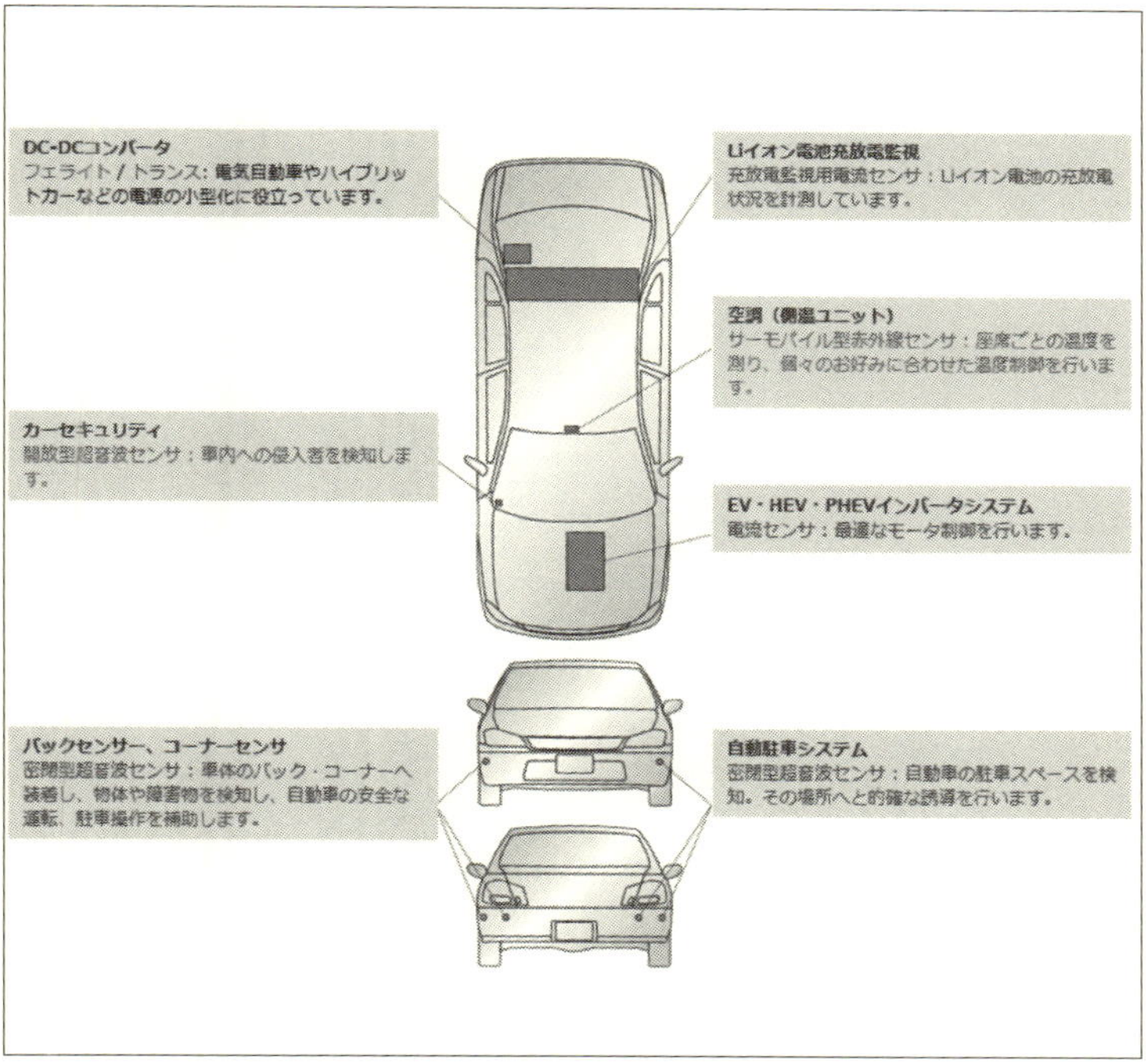

2020年に3兆円を突破するという予測

もあり、**自動運転技術のレベルが高まるにつれて自動車1台当たりのセンサー台数はさらに増えていくでしょう。**

ＥＶ車の市場規模は10倍以上になる

さらに注目したいのが、電流センサーです。電流センサーはハイブリッドカーや電気自動車になくてはならない部品です。また、燃費向上や航続距離の延長のためにも、高性能な電流センサーは必須アイテムとなっています。

現在、自動車のエンジンはガソリンもしくはディーゼルエンジンが大部分を占めています。ハイブリッド車や電気自動車もありますが、普及率でみると、まだまだ少ないです。しかし、これからの時代はガソリンエンジンやディーゼルエンジンの販売シェアが低下する一方で、ハイブリッド車もしくは電気自動車の販売台数がものすごく伸びることが予想されています。

２０１５年度のプラグインハイブリッド車と電気自動車の世界販売台数は50万台以下、

自動車全体の比率も両者合わせて1％以下でした。

しかし、これから20年で電気自動車は500万台以上、プラグインハイブリット車は600万台以上販売されると予想されています。ここから約20年で市場規模は10倍以上になるのです。ハイブリッド車に関しても現状の100万台強から400万台になると言う予測が立てられており、世界的な販売増加が予想できます。

ここまで急激に変化する発端となったのが2015年に起こったフォルクスワーゲンによる排ガス不正ソフト問題です。

同社が排ガス規制を回避する不正なシステムを搭載したディーゼル車を販売していたことが発覚し、世界中に大きな衝撃を与えました。

その後、フランスと英国はディーゼル車およびガソリン車の販売を2040年までに禁止するという発表をしました。本国のドイツに関してはまだそういった発表はないのですが、ヨーロッパでは内部燃料を燃やして出力を得るエンジンから電気自動車へと主役が交代していくでしょう。

他にも大きな要素として中国があります。

中国は国策としても電気自動車に力を入れると発表しています。その背景には、ガソリンエンジンの技術開発をいくら頑張っても日本やドイツの技術力には追いつけないという事実があります。

中国もそれがわかっているため、1つ飛ばして電気自動車やハイブリッド車の開発に力を入れるようにしたのです。

世界1の自動車販売国である中国及びヨーロッパが舵を切ったため、電気自動車の販売シェア増加が世界的な潮流となっていくことが考えられます。

日本セラミックはそのことを理解しており、時代の変化を先取りする形で自動車用センサーに力を入れているのです。

次の成長のために、今変化できる会社、舵を切れる会社は次の大化け株になる可能性を秘めた会社だと感じております。

¥ あえてインバウンド需要を狙わずニッチを攻める

近年、訪日外国人の増加に伴いホテルの開業ラッシュが続いています。東京、大阪、京都、博多などの大都市圏はもちろんのこと、2016年春には高級リゾートを展開するアマンリゾーツが伊勢志摩に新たな高級ホテルを誕生させました。

世界的な好景気や円安効果もあり、訪日外国人は2011年の621万人から2017

年には２８６９万人まで増加。統計開始以来の最高記録を更新しました。

そんなインバウンド需要を取り込むためホテル業界は活況を呈しておりますが、インバウンド需要を狙わず、ニッチ戦略で成長し続けているホテル銘柄があります。

企業名は**ＡＢホテル（６５６５）**。

東祥（８９２０）のホテル事業部が14年に独立した会社で、東海中心にビジネスホテルを全国展開しています。同社の特徴は客室数１３０前後という小規模なホテルを運営していること。

日本の大規模なホテルになると、ヒルトン東京は８１１部屋、リーガロイヤルホテル大阪で９７３部屋。中には品川プリンスホテルで３６７９部屋など、突出しているホテルもあります。

ビジネスホテルだとアパホテルが１０００部屋以上あるホテルも複数ありますが、ＡＢホテルは部屋数が非常に少ないことがわかると思います。

部屋数を増やせば増やすほど売り上げが伸びてよさそうな印象を受けますが、同社は景気悪化時でも利益を出せると考えての客室作りを徹底しています。

稼働率80％で経常利益35％確保できる体制ながら、現在稼働率は90％近くあるため、好業績が予感できます。

他社との競争を避けるスゴすぎる立地戦略

また、同社の訪日客比率は1割弱と少ないのですが、

無理に増やさない方針

のようです。

さらに、人口が多い東京圏への出店を無理に狙わず、競争激しい都心部も敬遠している徹底ぶりです。

その一方、出張客を狙い製造業が盛んな地方都市や駅前徒歩圏での好立地への進出。高速道路のインターチェンジ付近へ出店しています。一例を挙げると、2018年9月、滋賀県近江八幡駅徒歩圏内の立地にABホテルが新規開業しました。

近江八幡市は人口8万人ながらも、村田製作所（6981）、ダイフク（6383）、ダイハツ工業、ワークマン（7564）日本カーボン（5302）など、上場企業の工場がいくつもあります。

近江八幡市は観光名所がいくつもあるため、シニア層のビジネスホテル利用も多いのだ

【ＡＢホテルの出店済み都道府県一覧】

今後の新規出店予定（リリース済）
ABホテル京都四条堀川（2018年5月開業）
ABホテル近江八幡（2018年9月開業予定）
ABホテル東海太田川（2018年9月開業予定）
ABホテル宇部新川（2018年12月開業予定）
ABホテル田原（2019年1月開業予定）
ABホテル行橋（2019年3月開業予定）
ABホテル蒲郡（2019年4月開業予定）
ABホテル大阪堺筋本町（2019年6月開業予定）
ABホテル堺東（2019年10月開業予定）
東海圏の出店はあるが、そこから東側には出店がほとんどない
※青色

そうです。

図表はＡＢホテルの出店地一覧です。東海圏は出店していますが、そこから東側への出店がほとんどありません。西側は大阪、京都、滋賀、山口、福岡へ新店オープンの予定ですが（いずれも２０１８~２０１９年）それを加えたとしても、13都府県しか進出していません。

ＡＢホテルは執筆時点で18店舗しかなく、上場したばかりの会社です。

毎年５店舗ずつ新規出店する計画があるため、今後３年で34店舗になる予想を打ち出しています。（２０１９年３月期は６店予定）それが実現した場合、ホテルの数は約２倍になります。

もちろん**売上高や利益もここから３年で２倍になることが想像できます。**

証券アナリスト協会主催のセミナーで同社の会社説明会に参加しましたが、長期的にはホテル数を100にまで増やしたいとコメントがありました。

達成時期の明言等はなかったのですが、もし実現した場合、いまよりも

数倍から10倍以上の株価になる

ことでしょう。

ビジネスホテル大手のルートインの店舗数は260以上、東横イン220以上、アパホテルは150以上あります。

同社は中期的な経営プラン「サンサン計画」を独自に立てています。

これは2019年の経常利益予想（13・6億円）から2021年にかけて毎年3億円ずつ増益するという計画です。2020年度には16・6億円、最終年度の2021年度には19・6億円を目指すとのことです。

毎年3億円ずつ経常利益を増やす計画のためサンサン計画と命名したのですが、2021年度は2018年度比で経常利益が1・4倍に。ホテル数も現在の18から34へ伸びることから、同社の伸びしろはまだまだ大きいと言えます。

第3章

月収20万へのステップ②
「小型株」に絞ればチャンスは10倍！

¥ 東証一部銘柄だけを追いかけるとボロ儲けできない

上場企業は発行済み株式数によって大型株、中型株、小型株の3つに分けられます。2億株以上の株を大型株、6000万株〜2億株未満を中型株、6000万株未満を小型株と呼びます。（東京証券取引所での解説より）

それに加えて、時価総額によっても分類されている場合もあります。時価総額いくら以下なら小型株という基準はないのですが、時価総額100億円以下なら超小型株、1000億円以下で小型株、それ以上になれば中型株、大型株へと分類しています。

上場企業のなかでも審査基準が一番厳しい東証一部はすべての企業が目指すゴールでもあるのですが、規模が大きすぎるゆえに成長の伸びしろが少ないという側面もあります。

強敵のいない市場を選べ

東証一部上場企業と、それ以外の銘柄（主にJASDAQ市場やマザーズ市場、東証二部等の銘柄）では、いくつかの違いがあり、中でも特徴的なのが、売買する投資家層です。

東証一部上場企業の投資家層を調べていくと、主に大口の資金を動かす機関投資家の売買シェアが70％となっています。

一方、ＪＡＳＤＡＱやマザーズ市場では、個人投資家の売買シェアが70％もあり、機関投資家の売買シェアを大きく上回っています。

東証一部上場銘柄は投資のプロである機関投資家がメインのため、当然個人投資家が集まる市場よりシビアな戦いとなっています。

アナリストによる主要企業の株価予想は頻繁に行われ、日々売買が繰り返されています。超大型株となると、各証券会社の花形アナリストやファンドマネージャーが常に監視している状況のため、値付けミスがほとんどありません。戦うライバルとしては

ぜったい選んでいけない相手を選ぶ

ことになります。

また、大型株であるがゆえに株価の変動が日経平均株価と似てきます。ＮＹダウや為替レート、世界情勢の悪化などの時事ニュースに大きく左右されます。

急落する局面もある一方、急上昇はほぼありません。大量の買いが入っても、時価総額が大きすぎるため、急落した株価を取り返すまでに時間がかかるためです。

投資初心者の方は、会社のブランド力や知名度の高さから安心感がある、株価も安定している、あるいは長期的に上昇トレンドが続いているというイメージを抱きがちですが、それは錯覚に近いです。

不景気時のタイミングで投資した場合、元の株価に戻るのに数年以上かかることも珍しくないのです。

たとえば**コマツ（6301）**。建機メーカーとして圧倒的な存在感や競争力のある同社ですが、2007年までは業績好調で、株価4000円台をつけていた時もありました。しかしサブプライムローンが問題化した2007年から株価は下がり始め、リーマンショックが発生した時点には株価が700円台まで下がりました。最高値から5分の1以下になっています。

業績も2008年度の純利益2087億円が、2010年には335億円まで下がりました。

その後、ゆっくりではありますが、世界の建機需要が回復していったことや、2018年度は中国の需要が大きく増加したことにより、株価が再び4000円台まで回復しました。

大型株を保有対象から外すべきこれだけの理由

【コマツ（6301）の長期チャート】

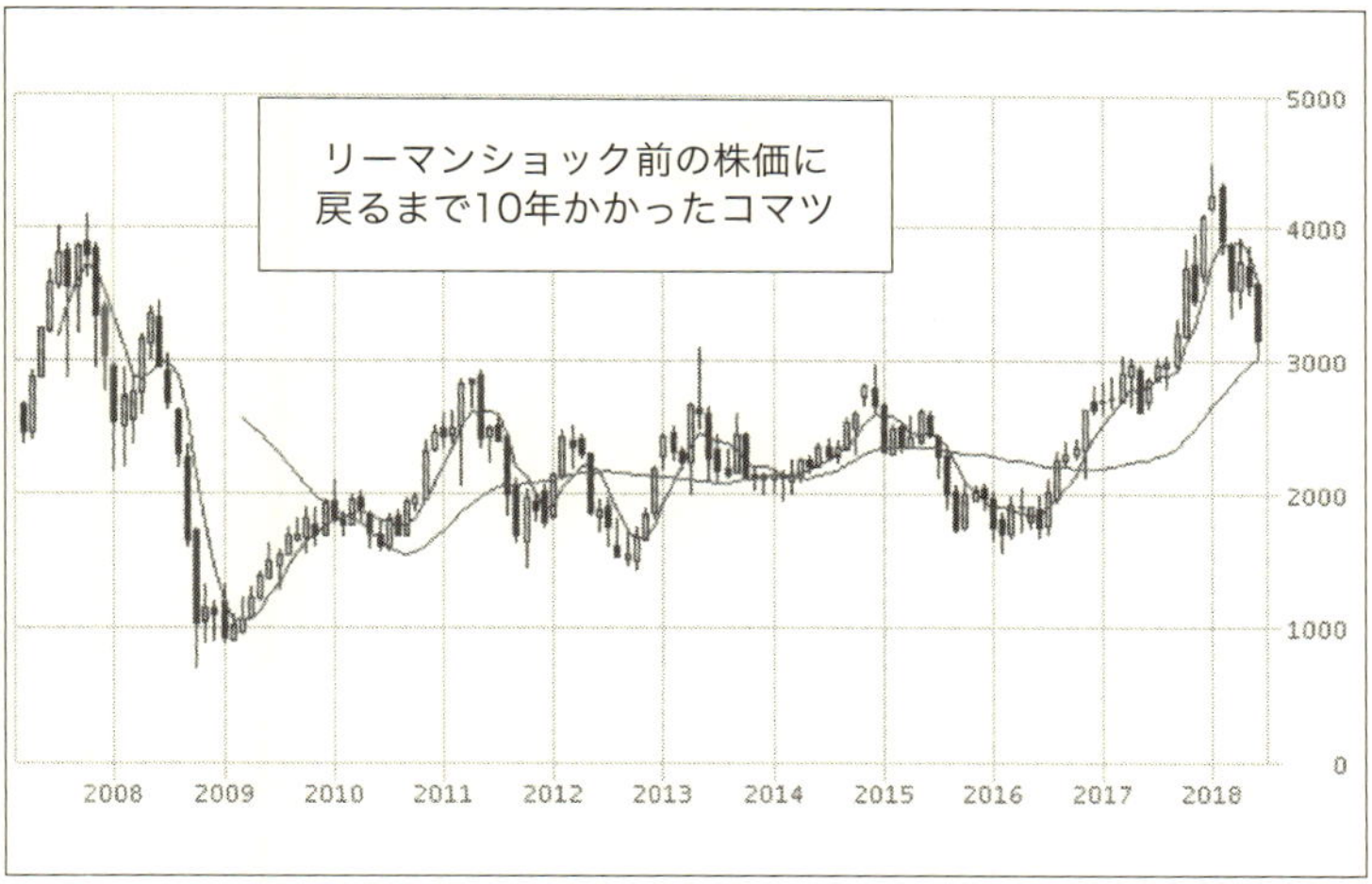

不景気から好景気への流れ。転換点を上手く読むことができれば、投資額の数倍のリターンを狙うことができます。ですが10年という、かなり長期スパンで狙う必要があるのが、チャートからもわかるかと思います。

景気悪化の兆候や株価の底は誰にもわかりませんし、上手いタイミングでつかめたとしても、10年かけて株価は5倍です。

小型株や成長率の高い銘柄を同じタイミングでつかんでいたら、株価上昇率は数十倍になっていた可能性もあるのです。（具体的な事例は次の項目、81ページから）

その理由ですが、

1　小型株は時価総額、株式発行数ともに小さく値動きが非常に軽い

2　企業成長が景気変動以上に伸びている会社がある

からです。

小型株は個人投資家の資産形成に最適な場所

小型株は時価総額、発行株式数ともに小さく、業績以外でも好材料や流動性の少なさから株価が一気に動くタイプの株といえます。

小型株の銘柄選びの王道としては成長株になりますが、利益と株価が連動しているタイプの株が狙い目です。

業績（売上高や利益などを指します）以外のニュースや流動性で動くタイプだった場合、ブームの終焉などにより株価が下落し、そのまま半永久的に低空飛行を続けてしまうケースが数多くあります。**一時的な流行、ブームで株価が急上昇する株は、あくまで一時的であることを忘れない**でください。

業績の伸びがある企業に早めに目をつけ、勢いのある間は持ち続けるというスタンスで長期保有してください。

今まで大勝ちしてきた株を思い返してみると、保有していた株は大型株よりも小型株のほうがリターンは良いといえます。

私の経験談ですが、日経225、300に採用される大型株で大儲けした株は1つだけしか思い当たりませんが、JASDAQや東証2部あたりの銘柄では10銘柄ぐらい印象に残っている株があるのです。

有名な会社の株ほど儲かりにくい理由

小型成長株で成功した一つが今も保有している**アイ・アールジャパンホールディングス（6035）**です。

同社は上場企業のIR活動や株主総会の運営サポート、株主名簿管理や配当金の支払い代行業務を行う会社です。

会社名は聞いたことがないという人が大半だと思いますが、株式投資をする方なら、同社のサービスを利用している可能性が高いです。

上場企業の株主になると、配当金や株主総会の通知招集が届くのですが、この名簿を管理しているのがアイアールジャパンHDです。証券代行事業の受託企業社数は60社と小さいながらも、着実に企業数は増加しているとのこと。

主力事業でもあるSR（株主対応）コンサルティング支援事業は国内・海外の実質株主判明調査が増えています。協同型アクティビストによる株主提案や持ち合い株式の解消による安定株主の減少により、実質株主判明調査の頻度は今後ますます増加すると考えられます。

Ｅｆｆｉｓｓｉｍｏ、Ｏａｓｉｓ、レノ・オフィスサポート、ストラテジックキャピタル等、日本で活動する主なアクティビストファンドは、近年いずれも資金の増加が続いています。２０１８年も前年を上回るペースで株主提案が発表されているため、株主総会の議決権賛否予測サービスが好調に推移するでしょう。

同社の実績で有名なものに２００７年、筆頭株主であるスティール・パートナーズがブルドックソースに対し敵対的ＴＯＢを展開したことがありました。

スティールは、5月にブルドックの全株式を取得すると発表。それに対し、ブルドックは防衛策を策定しました。日本初の買収防衛策が発動されたものですが、アイアールジャパンはＴＯＢ不成立に向けて支援しています。株主と上場企業をつなげる活動を展開し、６００社以上と取引実績があります。

小型株は、わずか2年で株価5倍に！

同社の株を始めて購入したのが2016年6月14日、株価350円で300株購入しました。

このタイミングは英国EU離脱ショックが起こる前のタイミングで市場は大きく揺らいでいる局面でした。その数日後、さらに株価が下がったため333円で200株買い増しを実行。

さらに約1か月後の7月29日、1Q（第一四半期）決算短信が発表され、会社の最終利益でもある純利益が前後68・7％増の3億5400万円と絶好調な数値になりました。

通期純利益予想と比べて進捗率が高かったため、利益は2016年よりさらに伸びると予想しました。そのため、さらに追加購入し、合計1000株まで保有株数を増やしました。

平均購入株価は350円でしたが、約2年後の2018年7月には2000円まで上昇し、株価は5倍となりました。

そんな同社ですが、上場は2015年と比較的新しく、上場後の売上高、純利益の推移は次の通りです。

上場時以降の業績を一覧表にしましたが、2016年度から2017年度にかけて純利益が約1・5倍になっています。その他の年も増益が続いています。同社の時価総額は約

【アイアールジャパンＨＤ（6035）３年チャート】

【アイアールジャパンHDの業績推移】

	2015年3月	2016年3月	2017年3月	2018年3月	2019年3月（予想）
売上高	3209	3469	3836	4133	4600
純利益	365	445	694	821	888
1株利益	19.7	24.0	38.9	46.2	49.9
1株配当金	6	14	20	30	32.5

※単位は百万円。1株利益、配当金は円

310億円ですが、上場直後の時価総額は74億円ほどでした。（参考までに、コマツの時価総額は3兆円以上）

コマツのような大型株の場合、株価が5倍になるまでにはリーマンショック直後に購入し、10年近く保有を続けなければなりませんでした。

しかし、時価総額が小さくても、知名度が低くても、成長を続けている会社を見つけて先行投資すれば、短期間で大化けする株を掴むことができるのです。

知名度が上がってからではなく、**知名度の低い株を、知名度アップする前に買いましょう。**少しの資金流入でも、時価総額が小さい小型株は、株価が勢いよく上昇するのです。

電子書籍のマンガ部門は伸びしろだらけ

電子書籍はインターネット上で閲覧できる書籍や雑誌です。従来紙媒体でしか読むことができなかった本や雑誌、新聞などがパソコンやスマホでみれるようになりました。

実際私も大いに活用している電子書籍ですが、市場全体の成長、伸びが急激です。

電子書籍の市場規模は2012年に730億円でしたが、その4年後の2016年には

1976億円へと急拡大しています。

次の4年、2020年には市場規模が3000億円まで膨らむと試算されています。

これからも市場規模の伸びが確実視されている電子書籍ですが、どのジャンルが伸びているかについては、図の通りです。

電子書籍は大まかに活字を中心とした書籍、雑誌、コミック、新聞などいくつかの分野がありますが、その中でも圧倒的なシェアを占めているのがマンガです。2016年度の市場規模は1976億円と前述しましたが、そのうち何と1617億円、

約80％がマンガ

となっております。

2017年には単行漫画本の電子書籍売上高が紙媒体を上回ったというニュースがありました。漫画の電子書籍は活字と比べて絵が中心で文字数が少ないため、読みやすいこと。テンポよくページを読み進められることなど、電子書籍向きでもあります。

また、スマホを使う年齢層が比較的若いことからも、電子書籍のうち漫画のウエイトが非常に大きいようです。マンガのシェアは統計開始以来、どの年度も同じような比率のた

【電子書籍の市場規模】

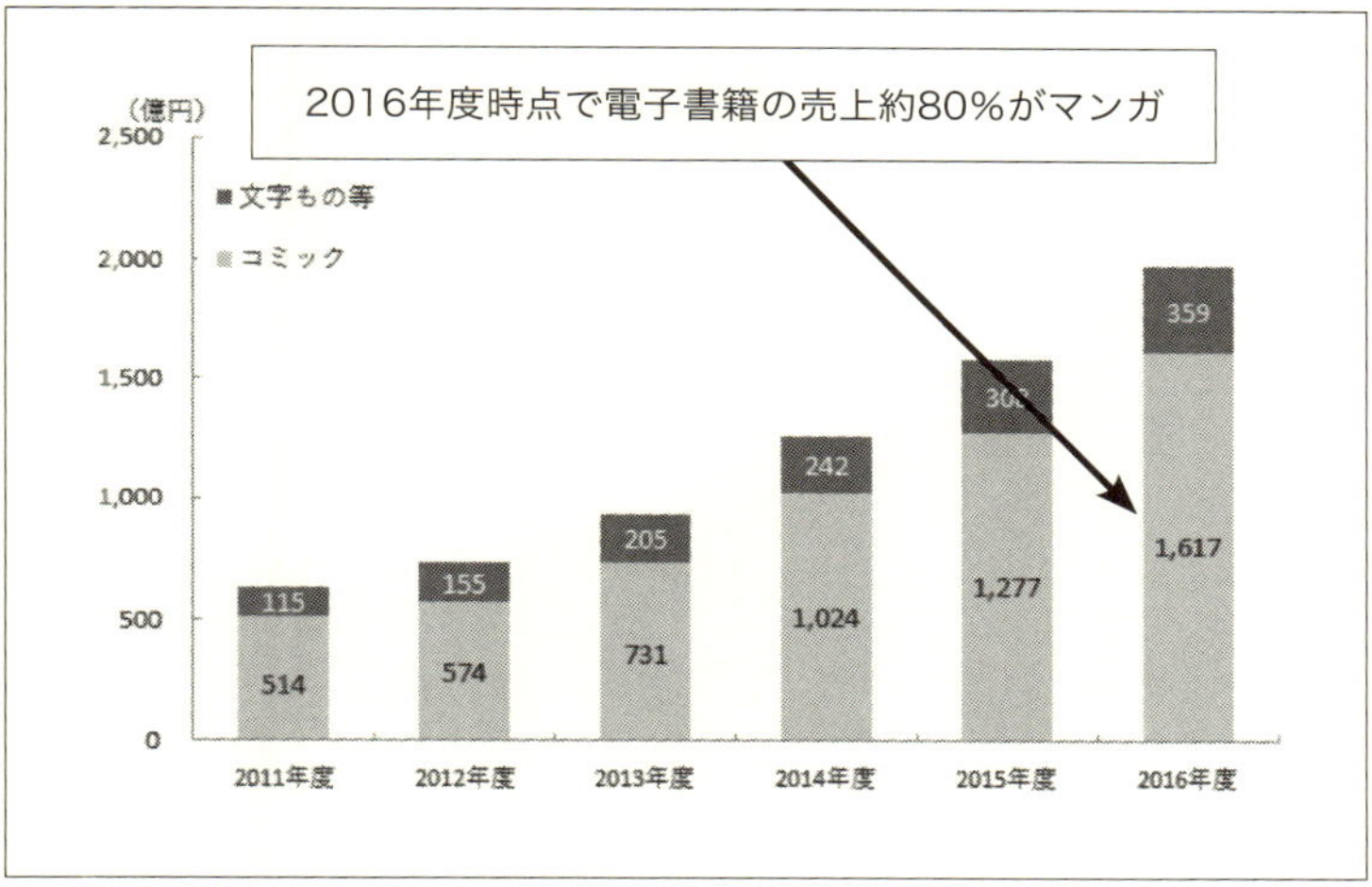

め、これからも漫画が電子書籍の中心となりそうです。

媒体別の売上構成比率が特徴的なことを踏まえたうえで、どの会社を狙えばいいのか？　その答えとなる会社が**ビーグリー（3981）**です。

ヒット作が出れば、大化けの可能性大！

同社はスマホ向け電子コミック配信サービス「まんが王国」を運営している会社のため、需要増加の恩恵をダイレクトに受けます。

また、独自コンテンツや漫画家の発掘に力を入れていることにも注目しています。独自コンテンツとは、ビーグリーでしか読むことができないオリジナルの漫画のことです。２０１７年度は10作品発表し、売上高は４０００万円。

同社の売上高は80～90億円ほどあるため、全体と比較すると微々たるものではありますが、会社側は手ごたえを感じているようです。社長の説明を実際聞いていたのですが、かなり力が入っておりました。

「２０１８年度は独自コンテンツ作品を最低40は出す」という発言もあり。中期的には１００タイトルまで増加させるプランがあるそうです。

なぜ独自コンテンツに力を注ぐのか。それは、**多くのタイトルのうち1つでもヒット作が出れば売上高や利益増加に大きく貢献するから**です。

漫画は活字の書籍と違い１冊で完結することはまずありません。２巻、５巻、10巻と続くのが当然ですし、長期連載しているものは１００巻越えの作品もあります。タイトル数以上に巻数は増えていくこと。１巻を読んだ人は２巻以降も読み続けるのが普通ですから、

【ビーグリーのオリジナル作品　会社HPより】

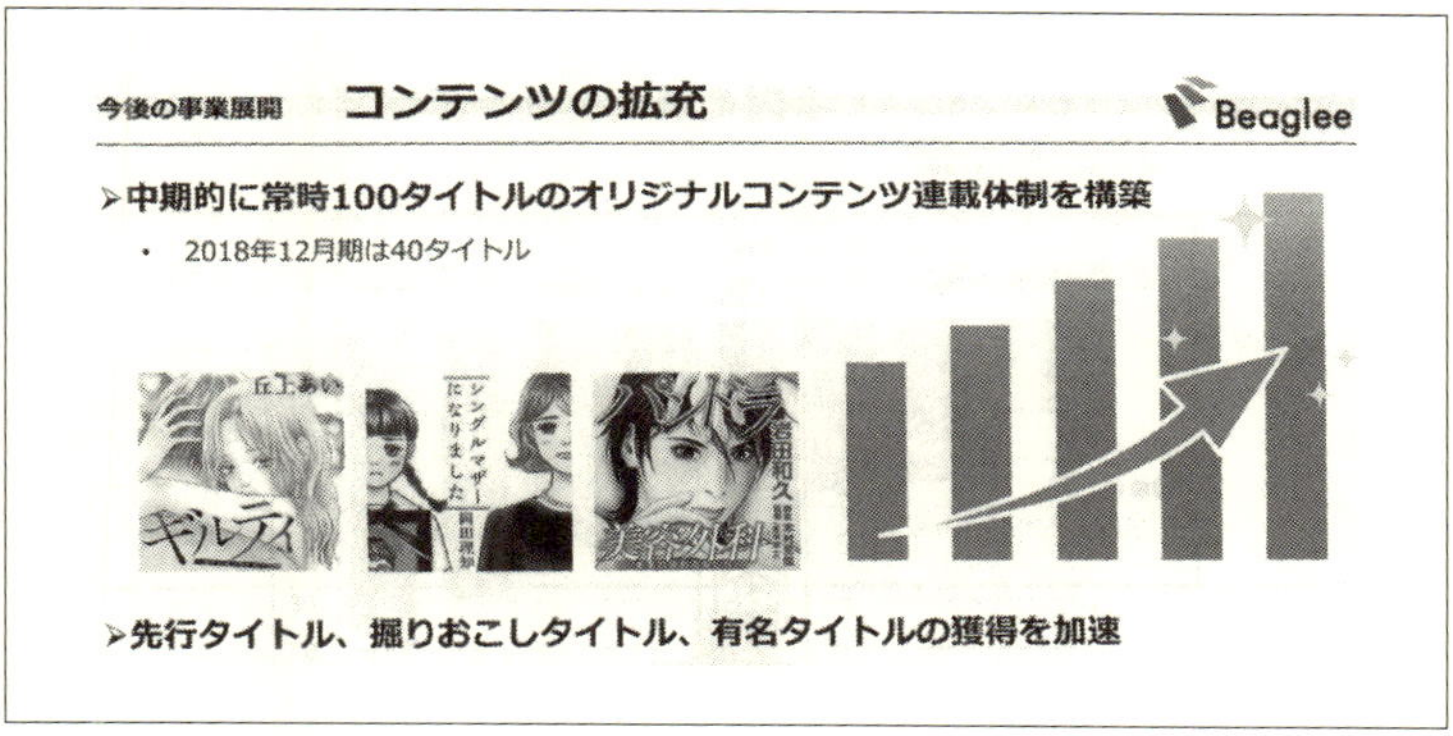
今後の事業展開
コンテンツの拡充
Beaglee
➢中期的に常時100タイトルのオリジナルコンテンツ連載体制を構築
・2018年12月期は40タイトル
丘上あい
ギルティ
シングルマザーになりました
➢先行タイトル、掘りおこしタイトル、有名タイトルの獲得を加速

タイトル数以上に売上高が伸びるはずです。

さらに、漫画はヒット作が出れば関連事業や商品からの収入が期待できます。

同社は取次会社を介さず、コミック作家である著作権者や出版社と直接利用許諾契約を結び、オンラインで有料課金するビジネスモデルです。

40コンテンツのうち、一つでもアニメ化が決定すれば、版権収入、グッズの販売、紙媒体での販売、DVD、レンタルなど、数多くの収益源が生まれます。さらに映画化が決まったとなれば、十年単位で売り上げが発生し続けることになるでしょう。

ビーグリーはオリジナル作品の強化を積極化しており、ものすごく夢がある、可能性を秘めた会社でもあります。

近年、違法海賊版サイトが大きく採り上げられ、その影響により採算の悪化もありますが、サイトへの遮断など対策もされてきました。

2018年度は減益予想となっておりますが、中盤からの回復。また、2019年以降の拡大に注目しておきたい会社の一つです。時価総額は100億円以下のため、成長軌道に再び乗れば、一気に大化けする可能性もあるでしょう。

¥ 大手ひしめくペット業界の穴場株を2つ

ペットフードやペット関連用品などは大手プレイヤーが競合しあっているため、新規参入しても勝てる余地は少ないです。

しかしながら、ペット業界という大きな枠組みで俯瞰してみると、これから伸びるだろう新サービス、新業態などのテーマがあります。

ペットと一緒もしくは専用のホテル、サプリメント、葬儀など、以前はなかった新たな市場が拡大しています。

その中でも注目している一つが**ペット保険**。**もう一つがペット医療**になります。

ペット保険の加入率はわずか8％

次ページ図は、1年間でかかったペット医療費に関するデータになります。統計によりますと、年間3万円以上かかったケースが約3分の2にあたる65・6％となっており、10万円以上かかった場合も全体の16・4％となっております。

ペット医療費が高騰している背景には、未婚率の上昇やＤＩＮＫｓ（共働きで子供を意識的に作らない、持たない夫婦のこと）が増えているため、子供にかける愛情がペットに置き換わる。いわゆるペット家族化により、医療費についても増加傾向となっているのです。

実際、一度病気にかかると平均8～10回ほど通うことになり、年間10万円ほど医療費かかるそうです。

これは人でも同じです。1度病院で診察しただけで病気が完治することはありません。検査や通院をして治していくのです。

この医療費ですが、ペット保険を使えば、年間1～3万円で済みます。一例を挙げると、2歳チワワの場合、フルカバー型（保険料のみですべてカバーしてくれる最上位の保険）で年間約2万6000円の保険料となります。

10万円かかるケースもある医療費が3万円弱になるため、もしもの時はすごく役に立つ保険なのですが、日本のペット保険の加入率は8％ほどしかありません。非常に少ないの

【1年間でかかったペット医療費に関するデータ】

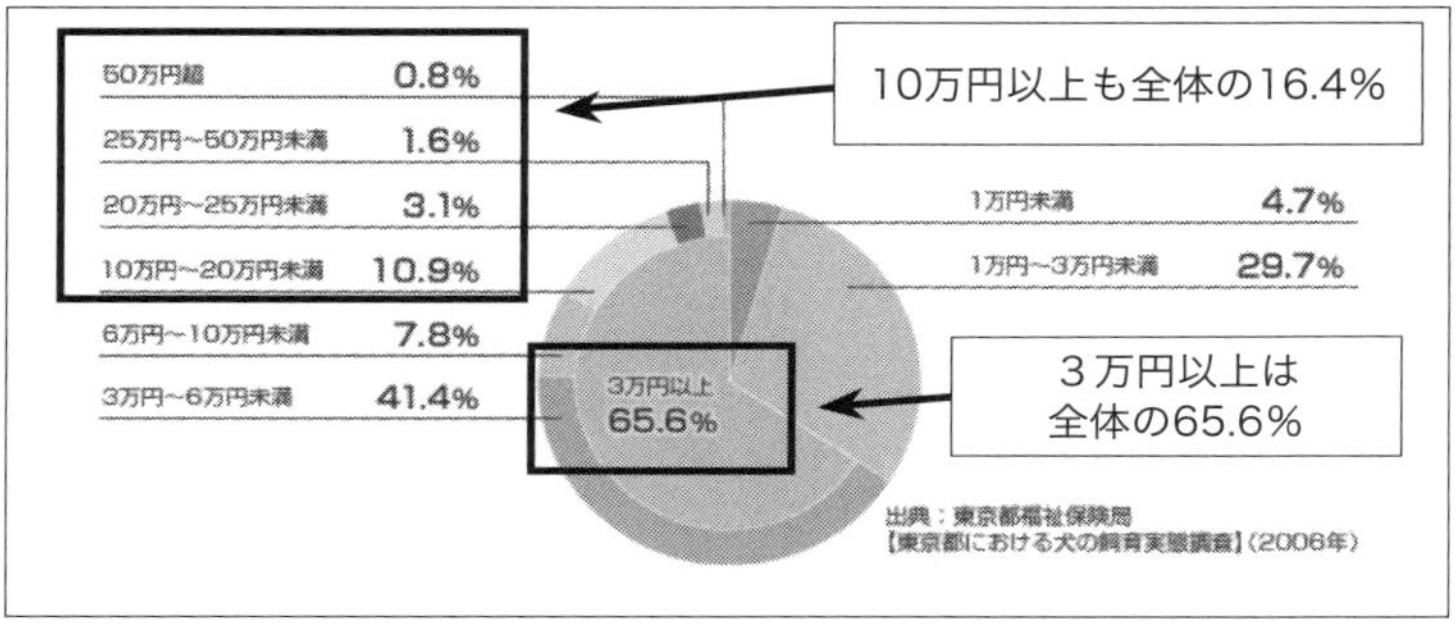

です。

一方、イギリスのペット保険加入率は約25%もあり、3倍以上の開きがあります。**ペット保険市場規模や加入率が伸びる余地はまだまだ大きい**でしょう。

そんなペット保険ですが、シェアNO1（約6割）のペット保険会社として上場している会社が**アニコムHD（8715）**になります。

ペット保険は認知度が元々低かったことから、認知度の向上に比例して加入件数が増加しています。ペット医療費の高額化やペットに対する疾患予防意識の高まりとともに、同社の契約件数は増え続けています。（2017年度は前年比14・2%増の142・9万件）

さらにアニコムは、企業成長の施策として、ペットショップでの販売チャネルに加えて、一般向けチャネルも展開していくそうです。

ペットショップは産まれたばかりの子犬、子猫が大半ですが、今後はそれより上の年齢のペット保険市場を開拓していくとのことで、業績が一気に飛躍しそうな雰囲気です。

保険は一度加入すれば、

数年という長期単位での継続加入が一般的

です。そのため、一時的な広告宣伝費は増加するものの、販売チャネルの増加により２０１９年度以降、売上高増加効果が大きくあらわれてくるでしょう。

続いて、ペット医療費高騰で恩恵を受けそうな会社が**日本動物高度医療センター（6039）**です。

「2→4病院体制」となる前に先回り投資

同社は犬猫向けに高度医療を行う動物病院を川崎市と名古屋市で運営しています。２０１８年3月期までは2病院での経営でしたが、２０１８年1月に東京病院が開業。３病院体制となりました。

東京病院のその後の診療活動は順調です。そのため２０１９年3月期の業績は前年比で大幅な増加が期待できるでしょう。

犬猫の飼育頭数はわずかながら減少傾向にあるものの、人と同じく平均寿命が延び高齢化が進んでいることや、前述したようにペット保険への加入が伸びていることから受診件数は着実に増えています。

さらに、２０２０年には大阪分院（仮称）が開業される予定となっています。

開業が遅れるリスクもあり得ますが、２０１８年度まで２病院体制だった同社が、

ここから2年で倍の4病院となる見込み

です。

業績の急拡大を見越して先行投資しておけば、大きな果実となりそうです。

第4章

月収20万へのステップ③
「小売外食株」で
食べ歩きをお金に変える

投資ハードルは低く、リターンは高い！

株価が大きく上昇するキーワードの3つ目が小売外食業です。

序章でお伝えしたとおり、2017年株価上昇率が最も高かったベスト3銘柄では、3社とも小売外食業という共通項があったことを伝えましたが、私の保有している株でも、小売外食業で大化けしている会社があります。

中でも株価上昇率が一番高い会社が**アークランドサービスHD（3085）**です。同社は「かつや」というカツ丼チェーン店を経営しているのですが、投資開始から株価が15倍にもなっています。

購入開始時は2010年、その後2011年3月にかけて株式を何度か購入した後は、保有を続けてきました。取得平均株価は164円でしたが、2017年12月には2700円を超えました。

小売外食株の王道成長パターンを知る

途中、一部の株式を売却しましたが、今でも保有を続けています。この株をこんなにも

【アークランドサービスＨＤ（3085）の株価チャート】

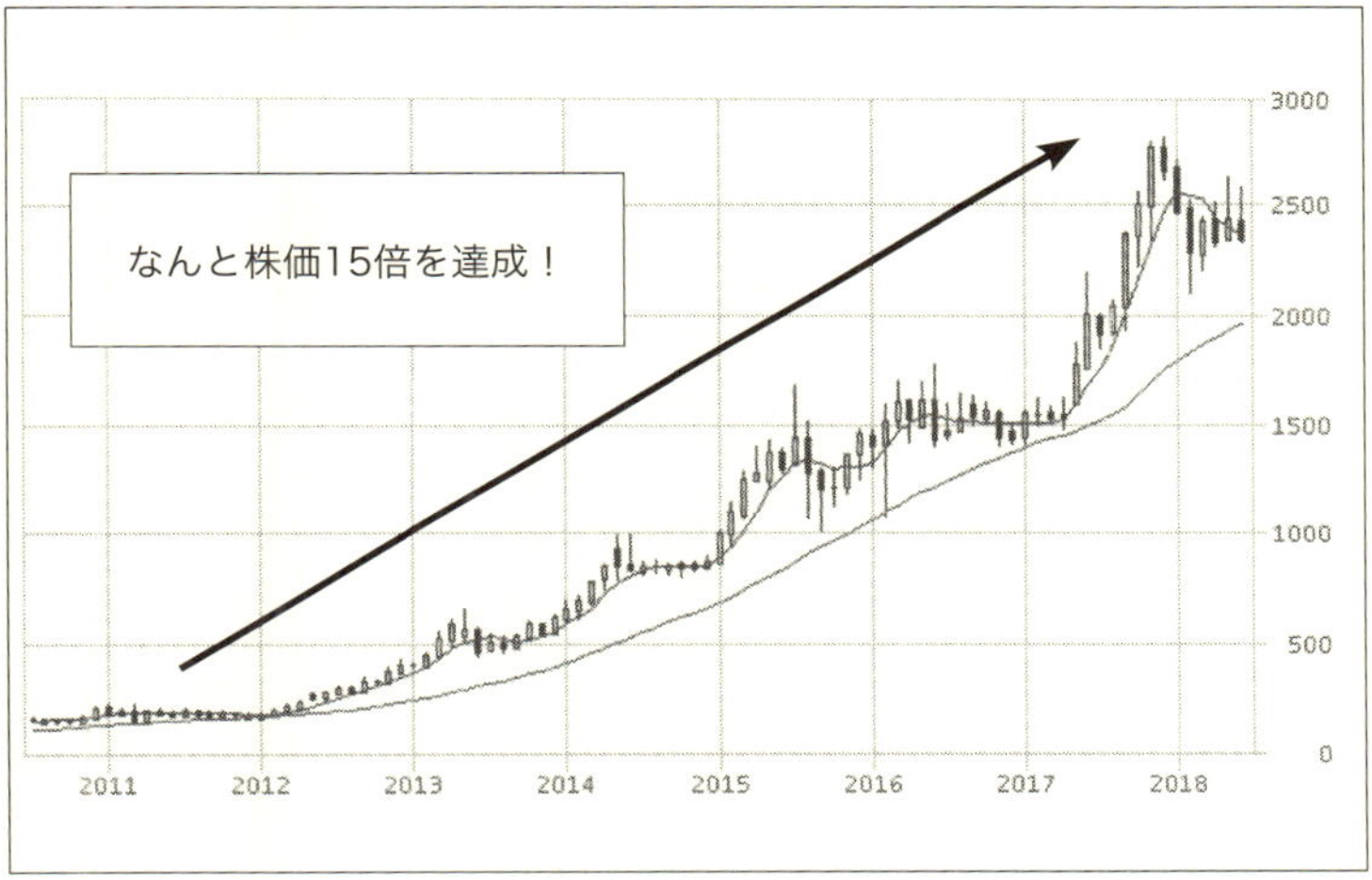

長期間保有し、大儲けできた理由に、

①事業内容がわかりやすいこと
②新規出店数の拡大

という、小売外食業の王道成長パターン、なおかつ初期段階に乗れたからです。

①事業内容がわかりやすいこと

まず事業内容について。売上高が1兆円規模の大型メーカーになってくると、本業以外にも他の事業に進出するようになってきます。上場企業は、会社を成長させ続けることが至上命題でもあるため、本業が頭打ちになる、需要が低迷するなどしてくると、新たなマーケットを探さなければなりません。

たとえば**ブリヂストンタイヤ（5108）**。今や世界一の自動車用タイヤメーカーですが、創業時は地下足袋《じかたび》を作るメーカーでした。

ミクシィ（2121）も上場時には国産SNS「ミクシィ」の運営が本業だったのですが、Facebookやツイッター、Instagram（インスタグラム）など、世界的人気を誇るSNSサイトの台頭により、一気にユーザーが流失していきました。

その後、ミクシィはスマホゲーム「モンスターストライク」の大ヒットにより事業を立て直しましたが、SNS事業は現在、売上高の構成比のうち、わずか7％弱しかありません。

以上、2社の事例を採り上げましたが、これは成功事例であり、その裏で失敗している会社はたくさんあります。

本業1本の会社が最良である

上場企業は次なる成長産業に進出したり、新事業を創出するのですが、それが成功するとは限りません。多角化しすぎて何をやっている会社なのかイマイチわからない。どの事業でもトップを握れず、業績が低迷を続けている企業も多くいるのです。

極端な表現をすれば、その会社自体が複数の事業に分散投資しているようなものなので、どれかが当たっても、その他はトントン。もしくは業績悪化という事態になってしまい、足を引っ張ります。すべての事業が好調という流れが起こらず、業績が大幅アップする可能性が低くなるのです。

しかし、小売外食業は本業一本に全力投球している会社ばかりです。教育業であれば、学習塾、教科書。飲食業であれば、和食、洋食。宿泊業であれば旅館、ホテルなど、何をやって売上や利益を稼いでいる会社なのか、**本業が一言で理解できますし、わかりやすい。なおかつその本業が好調であれば、業績や株価にすべて跳ね返ってくるため、個人投資家には絶好の投資対象**なのです。

②新規出店の拡大

本業が理解できると企業の将来が予測しやすいという、もう一つのメリットが活きてきます。

小売外食業の場合、売上や利益を上げる最も早い方法が新規出店です。日本は人口減少社会に突入したとはいっても、非常に緩やかなペースですし、地域によっては人口増加。あるいは若い世代の人口が伸びている所だってあります。

そのため、既存店にプラスして新規出店を継続していくことで、新規出店分だけ業績が加算されるようになります。

たとえば、現在店舗数が50店ある小売店があったとします。同社の売上高は50億円ですが、来年度は新規に10店舗オープンする予定を立てています。

すると、既存店の売上高が前年と変わらなかったとしても、売上高は60億円になると予測できます。

新規出店の増加は株価にも貢献

2017年、株価が大化けしたペッパーフードサービスは年初、新規出店計画は40店舗でした。しかし、その後52店舗に拡大。最終的には1年間で78店舗が新規オープンしたのです。当初計画の約2倍の積極的な新規出店が業績の急上昇にも繋がったため、株価が1年で急騰しました。

また、新規出店数の増加は長期的トレンドにもプラスの影響を与え続けます。アークランドサービスHD保有当初の店舗数は100店舗以下、新規出店も20店舗以下でした。ペッパーフードサービスと比べて新規出店数は少ないのですが、翌年以降も新規出店数は拡大が続き、2017年度は年間で85店舗にまで増えています。

小売外食業は新規出店数が拡大するとともに、売上高や利益も同じく増加する比例関係がよく見られます。新規でオープンしたお店は逃さずチェックするようにしてください。

¥ 新業態へ進出する企業は要チェック！

業種と業態はよく似ていますが、業種は企業の垣根を超えて、取り扱い商品の種類でくくった分類のこと。

業態とは、同一企業の中で営業形態（どのような売り方をするのか）の違いを基準とした分類のことになります。ちょっとややこしいのですが、ここでは、新しいコンセプトのお店を作ることを新業態と位置付けます。

たとえば、全国でカジュアル衣料店「ユニクロ」を運営している**ファーストリテイリング（9983）**ですが、同社はユニクロの他、GUなどの他ブランドも展開しています。

他にも、牛丼の**松屋フーズ（9887）**によるトマトスープ麺を主力としたラーメン店「トマトの花」、**スシローグローバルホールディングス（3563）**の大衆寿司居酒屋「杉玉」など、目立たないながらも、新業態への進出は頻繁に行われています。

企業は現在のブランドの他、第2、第3の柱となるような新業態を常に模索しています。そのうち全てが成功することはなく、むしろ成功する可能性の方が低いくらいです。

しかしながら、新業態は既存の事業運営ノウハウを有効利用できること。試験的に立ち上げたブランドがうまくいかなかった場合でも、すぐに撤退、もしくはリニューアル可能です。本業に与えるダメージも小さいことから、新業態への取り組みはどの会社も継続しています。

次なるエースを育成している会社に注目

試作店舗の中から一つでも当たりが出れば、既存事業と同じペースで店舗数を広げていけるからです。**新業態は、次なる大化け株になる可能性を秘めているため、積極的に情報収集する**ようにしてください。

日本三大和牛の一つでもある松阪牛を精肉、販売している会社に**柿安本店（2294）**があります。同社は三重県地盤で牛鍋店が発祥です。

現在、百貨店で惣菜販売（KAKIYASU DINING、Shang-hai DELIなど）や精肉店、レストラン（三尺三寸、炭火焼ハンバーグカキヤス）を展開。その他、和菓子（口福堂）もスーパー中心に多数展開しています。

柿安本店はデパ地下が販売の中心で、毎年着実に利益を出すタイプの会社でした。赤字決算はない一方、積極的な展開やチャレンジもあまりしない。どちらかと言えばコツコツタイプの企業でした。

株価も長期間２０００円台から変化もありませんでしたが、転機となったのが、新業態「柿安Ｍｅａｔ　Ｅｘｐｒｅｓｓ」の展開です。

このお店のコンセプトはこだわりのお肉をさまざまなスタイルで食べる「肉丼」専門店です。名物の牛肉しぐれ煮を使用した牛肉しぐれ煮丼の他、牛すき焼丼、サーロインステーキ丼、ローストビーフ丼など、柿安の専門でもある牛肉を存分に味わえるメニューとなっています。

さらに「柿安Ｍｅａｔ　Ｅｘｐｒｅｓｓ」は、新たな試みとして、出店場所をイオンのフードコートに選びました。

百貨店は主要取引先でもあり、店舗展開の中心でもあったわけですが、近年は都心部の収益悪化や客数減により地方百貨店の閉店が続いています。成熟期に入っている百貨店以外の出店候補地を探していたと思われます。

イオンは集客効果が高いため、他社テナントとの出店競争や陣取り合戦はとても激しいのですが、元イオン出身の役員の活躍があり、出店できたようです。１号店を２０１７年４月に出店した後、２号店以降の出店計画に関する具体的な資料はなかったのですが、２０１８年２月期は最終的に6店新規出店となりました。執筆時点ではさらに4店舗増え合計10店舗と増加しています。

これは**試験的な店舗から、積極的な拡大へと舵を切ったもの**と考えられます。

柿安本店は2017年度、他の部門を含めて計33店新規出店。4店の改装も実施し、既存店の活性化を図りました。一方、入店先施設の閉鎖に伴うものを含め、18店の退店がありながらも、

純利益は前年比30％増の好業績

となりました。

それを裏付けるように、株価も以前までの2000円前後の横ばい圏から、3000円台後半へと一気に駆け上がりました。

このきっかけとなった要素が新業態の進出と成功への手応えにあります。

柿安はさらなる新業態として惣菜店「パーシモンガーデン」を三重県の県道沿いにオープンしました。こちらも現在3店舗展開となっています。

百貨店への一本足打法から、フードコート。さらには路面店へと新業態をいくつも展開していく同社の今後が楽しみです。

最後に、統計的な裏付けはありませんが、肉を扱う銘柄は高騰するケースが多々あります。ここまでに紹介したペッパーフードサービスはステーキ、アークランドサービスはカ

【柿安本店（2294）３年チャート】

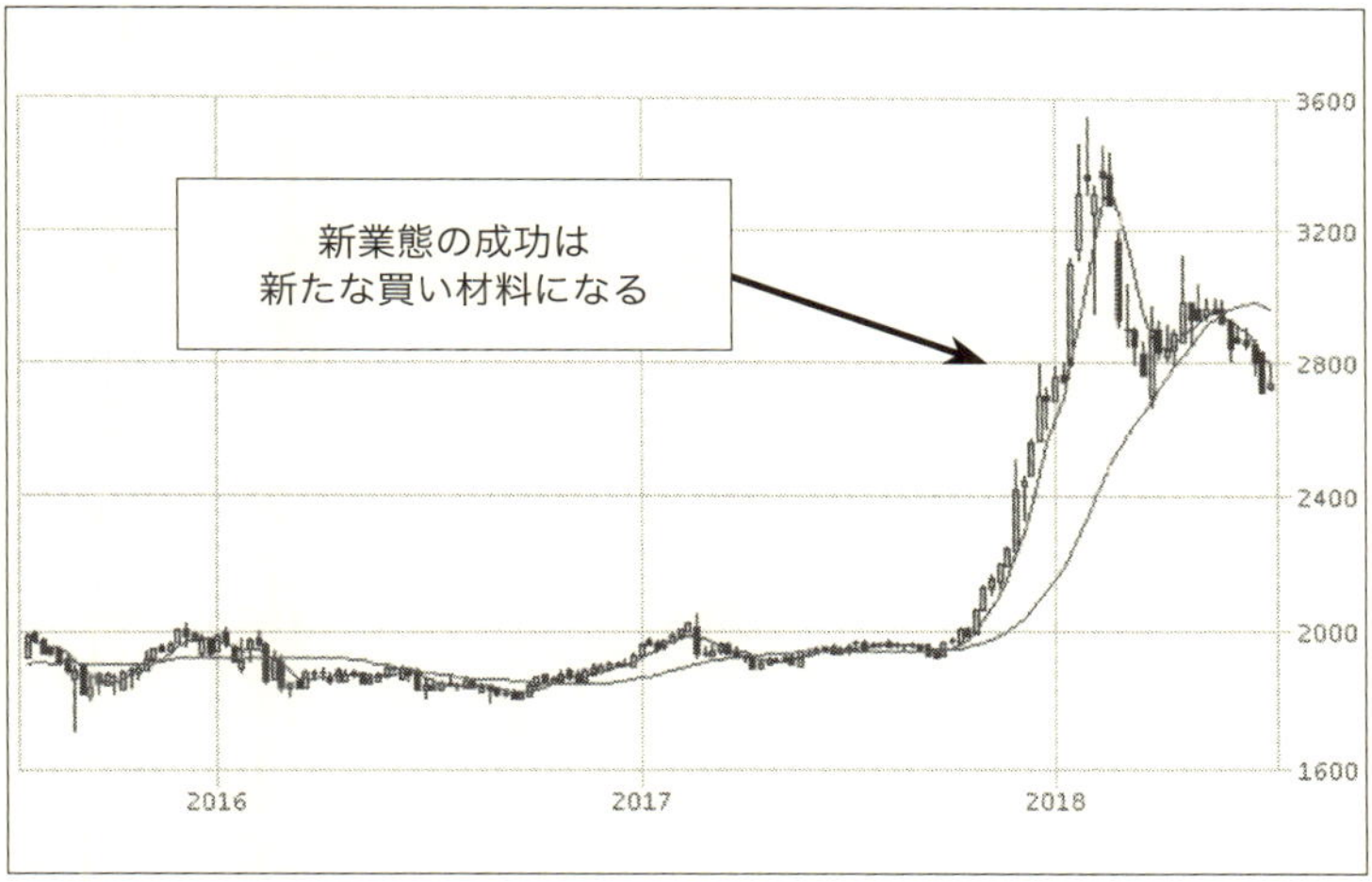

ツ丼です。

２０１６年にＩＰＯした**串カツ田中ＨＬＤ（３５４７）**は上場から株価が一時10倍を超え、**鳥貴族（３１９３）**も２０１４年の上場時から株価が４倍以上になりました。

肉を扱う銘柄は、株価が急騰するケースがよくあります。

あくまで個人的な意見ではありますが、参考になりましたら。

¥ 都心部で成功する会社を一瞬で見抜く方法

上場企業の本社は東京に集中しておりますが、もちろん全国に名をとどろかす地方企業もたくさんあります。

家具販売の**ニトリ（9843）**は北海道。家庭用ゲーム機を販売している**任天堂（7974）**やコンデンサーなどの電子部品大手の**京セラ（6971）**、小型モーターからスタートし、近年は自動車、産業用などの中～大型モーターへと展開を広げている**日本電産（6594）**など、オリジナル製品を扱う製造業は京都企業が多い印象があります。

小売外食業というくくりで上場企業をチェックしてみると、東京圏（東京都、神奈川県、千葉県、埼玉県）に人口が集中しているため本社や創業地が東京という企業が多くなります。

投資先として選ばれやすい傾向がありますが、**地方でもユニークな商品開発やサービスを提供しながら全国制覇を狙う企業もあります**。この項目では、投資先企業を「都心部」「地方」と2つに分けて、活躍している企業を紹介していきます。

まずは都心部で躍進している企業について。

小売外食業の出店戦略は様々あるのですが、大まかにわけると、東京や大阪など、人口が密集する大都市圏へ積極的に進出する企業。さらにその中でも、より人の集まる駅前や駅直結など集客力が高くなる一方、テナントの賃料が高い人気の一等地を狙うタイプがあります。

もう一つは大都市や駅前をあえて狙わず、国道のロードサイドや地方都市へ。立地についても駅前などの一等地を狙わず、賃料や土地代の安い1・5等地や2等地を出店場所に選ぶタイプです。

どの戦略も一長一短ありますが、いくつかの企業や同業他社を見比べていくと、

大都市圏や駅前に出店した企業が大きく成長

する傾向が多いようです。

人口流入は商圏拡大のチャンス！

都市部への出店強化で成功している事例の一つが**ビックカメラ（3048）**です。同社は家電量販店大手ですが、近年新規出店する店舗はどれもターミナル駅徒歩圏。もしくは駅直結というくらい出店地を駅前に絞り込んでいます。

東京にある有楽町店は駅の目の前にあります。池袋、渋谷、新宿店もターミナル駅前に店舗を構え、名古屋、京都店も駅からすぐです。そして、どの店舗も大型で品揃えが豊富にあります。

家電は読者もご存知の通り、価格競争が熾烈《しれつ》です。商品が同じであれば、価格が決定権の大半を占めてしまうからです。

そんな競争が続く中、ビックカメラは2012年にコジマを買収し業界2位に浮上。規模拡大による仕入れコスト削減を進めています。2013年度の純利益は24億3600万円でしたが、そこから4年後の2017年度には純利益が135億5000万円まで拡大。株価も5年で4倍近くになっています。

好調なビックカメラとは逆に、地方での積極的な出店に舵を切り、上手くいっていない家電量販店が**ヤマダ電機（9831）**になります。

業界最大手の同社ですが、特徴的なのが郊外での出店戦略です。1990年代後半から増資で調達した資金を元手に売り場面積3000平方メートル級の超大型店を積極出店。短期間で急成長を遂げ、2004年度に専門小売店として初の年商1兆円を突破しました。

大成功企業としてニュースでも頻繁に登場していた同社なのですが、近年ぱったり目にしません。

実は2014年以降、売上高が4期連続で減少を続けています。2018年度は売上高

【ビックカメラ（3048）の５年チャート】

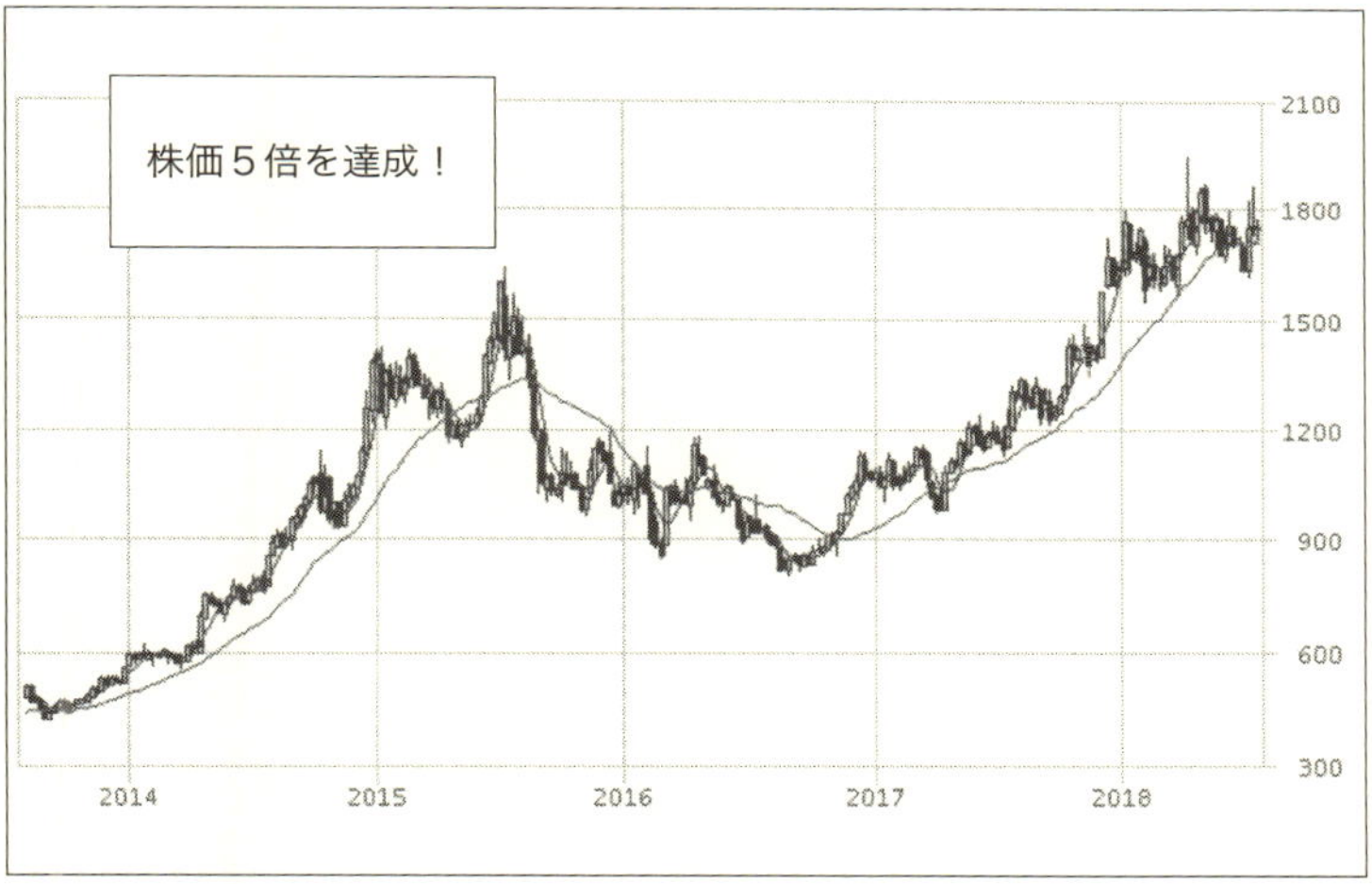

が前年比で増加に転じましたが、利益は逆に減益となっています。

筆者の家の近くにも、ヤマダ電機が2店舗オープンしました。一つは最寄り駅から車で5分ほど。もう一店舗は国道沿いの目立つ場所に建てましたが、どちらもうまくいってないようです。

最寄り駅のお店は地元の人でもあまり利用しない。オープンしたことすら気づかないような場所に出店していて驚きました。案の定、すぐにアウトレットを併設するようにリニューアルされていました。定期的に観察していますが、混雑しているのを見たことがありません。

もう一つの店舗はオープンから一年もたたずに閉店。気が付くとペンギンマークがおなじみの**ドンキホーテ（7532）**

が、新たなテナントとして入り、オープンしていました…。自分の実体験からも、上手くいっているようには感じません。

「ちょい飲み需要」が大当たりの中華料理店

もう一つの事例が、中華料理店です。都心部出店で大成功している会社が中華食堂日高屋を経営する**ハイデイ日高（7611）**です。同社も駅近、あるいは駅前の繁華街中心に新店舗を展開強化させています。

出店地域は埼玉、東京、千葉、神奈川がメイン。首都圏で最大600店（現在は400店ほど）の出店目標を立てておりますが、この戦略が大当たりします。

仕事帰りのサラリーマンのちょい飲み需要や、低価格ラーメンを軸にした単品料理やサイドメニューの充実により、大きく業績を伸ばしています。2012年度の純利益は16億2400万円でしたが、ここから6期連続で増収増益が続いています。株価は500円前後でしたが、2017年には3000円を超えるまで大化けしています。

同じ中華料理店でもハイデイ日高と真逆の結果となっているのが**幸楽苑ホールディングス（7554）**です。同社は車でしか行けないような郊外店舗かフードコート内での出店を中心とした経営をしていますが、業績は低迷を続け、2018年度は32億円以上もの大

【ハイデイ日高（7611）の５年チャート】

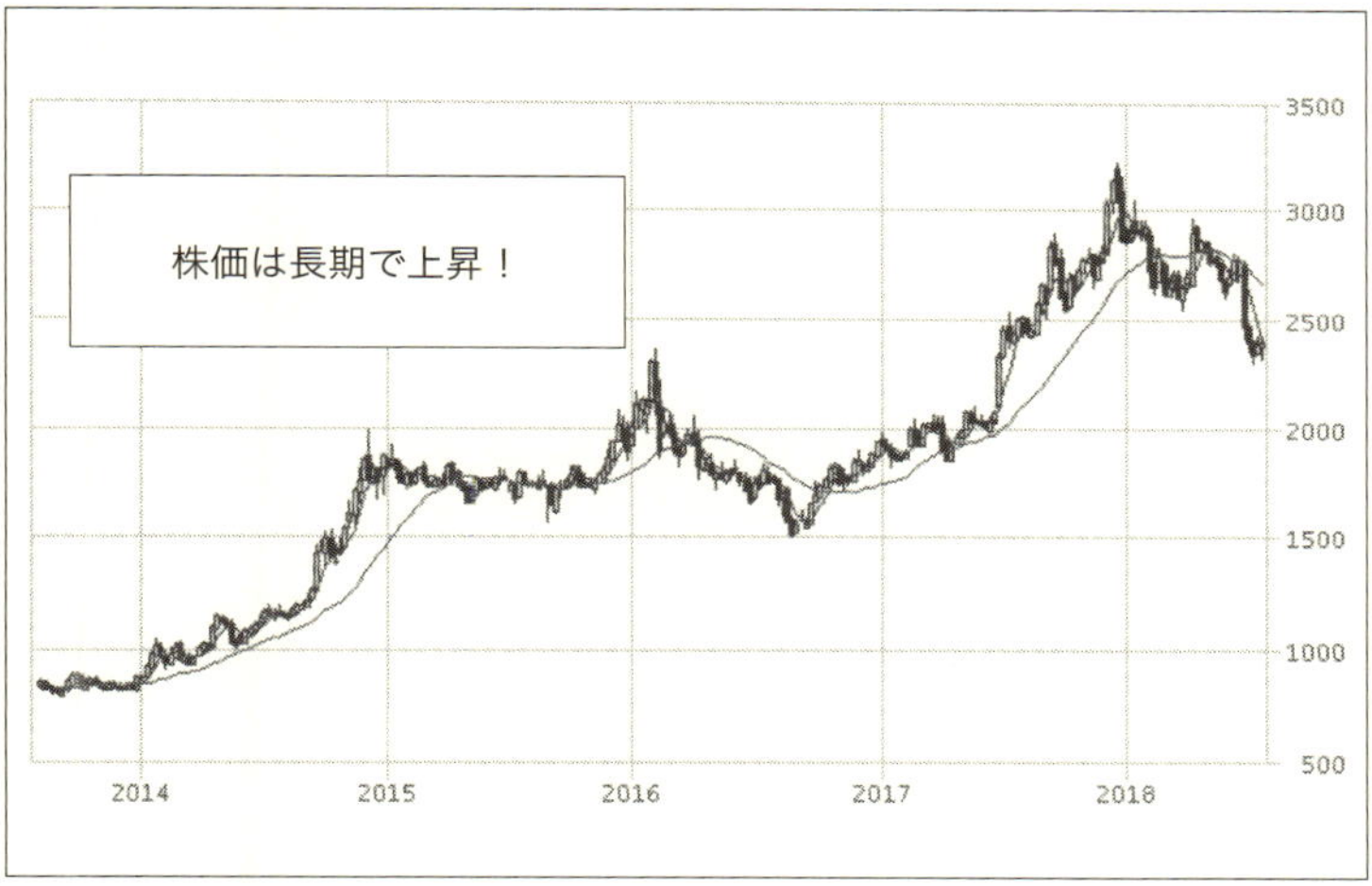

赤字となってしまいました。

50店近くの不採算店舗を閉鎖したことなどによる特別損失の発生が、赤字転落の要因です。幸楽苑はいきなりステーキを運営するペッパーフードサービスとフランチャイズ契約を結ぶという発表をしましたが、その翌日の株価は急騰。既存株主にとっては非常に悔しい出来事だったと思われます。

これほど厳しい事業の転換を迫られた要因の一つが、出店戦略のミスがあるでしょう。中華料理店の場合、アルコールを一緒に注文する人が多いはずですが、郊外店舗かフードコートのみのため、大半は車でしかいけません。

必然的に一定数の方が幸楽苑を選択肢から外すようになり、客離れが加速していきました。

以上、２つの事例を採り上げましたが、**都心部へ舵をとった企業が成功し、地方を積極化した企業が衰退していく背景には、人口動態の変化があります。**

総務省が7月11日に発表した住民基本台帳に基づく２０１８年1月1日時点での人口動態調査によると、日本の総人口は1億２５２０万９６０３人で、９年連続で減少となりました。人口増加となった場所は主に東京圏（東京都、神奈川県、千葉県、埼玉県）と愛知県、沖縄県の計6都県のみでした。

この中でも東京圏は全人口の３割が集中しており、三大都市圏である東京（東京、神奈川、埼玉、千葉）、名古屋（愛知、三重、岐阜）、関西（大阪、京都、兵庫、奈良）の人口は６４５３万４３４６人。全人口の半分以上が11都府県、つまり全都道府県の約４分の１に集まっていることがわかります。

日本は人口減少社会に突入しておりますが、大きな趨勢に逆らったニーズに合わない戦略をとると厳しい結果が待ち受けているのです。

人口減少に負けない小売り外食株はあるか？

２０５０年には人口が1億人を割るという試算もありますが、日本のすべての都道府県が一律に減り続けているわけではありません。一部の地域では増加を続けているのです。そのため、都心部に積極投資や出店をする企業は、成長力も継続していくと予測できますが、すべてがそうなるわけではありません。地方でも独自の成長プランや方針を掲げて拡大し続ける企業も存在しています。

地方で成功する銘柄をサクッと見抜く

都心部ではなく、地方や郊外で活躍している企業の一つに、喫茶店「コメダ珈琲店」を展開する**コメダホールディングス（３５４３）**があります。

喫茶店激戦区の名古屋で勝ち残ったモーニングのサービスを全国に展開中の同社ですが、出店場所は国道沿いの幹線道路やイオンモール内などが中心です。駅前に近い店舗は少なく、車で行くというイメージです。

繁盛している身近なお店を見逃すな

名古屋式といえば、豪華なモーニングで有名ですが、コメダ珈琲店も朝11時までの入店でコーヒーを注文すれば、食パン、ゆで卵が無料でいただけます。サービス精神が強いようで、飲み物や食べ物、どのメニューもボリュームがあり、お腹一杯になります。

私の地元、滋賀でも大盛況のようで、満席でお店に入れないこともしばしば。喫茶店で満席で入れないお店は、スターバックスぐらいしかないため、かなり人気のようです。

コーヒー一杯でモーニングの時間帯であれば食事無料。さらに雑誌や新聞など読み放題なので、新聞代などを含めると結構お得な値段設定だと思います。

そんな同社ですが、サービス精神旺盛なため、カツサンド（カツパンという名称で販売されています）を食べたときは、胸焼けするほどでした。人によっては、食べきれないほどのボリュームですが、2018年から新業態として、コッペパンのお店をスタートさせました。

「やわらかシロコッペ」という店名で、現在東海圏中心に展開しています。コッペパンは給食で食べたという印象を持っている人も多いはず。

最近はおしゃれなコッペパン専門店が東京のビジネス街やデパ地下にも続々オープンし、テレビでも紹介される機会が増えています。

やわらかシロコッペでは、定番のマーガリンやいちごジャムのほか、名古屋名物の小倉味なども300円前後で販売しています。コッペパンメニューは現在、コメダ珈琲店での販売はないようですが、新メニューとして発売開始されると、ブームの流れに乗って人気

化しそうな予感です。そのほか、コメダＨＤは独自キャンペーンを定期的に催し、

新規客の獲得やリピート率の向上

に余念がありません。

次の画像は滋賀県限定になりますが、ガソリンスタンドとのコラボキャンペーンの告知ポスターになります。給油後のレシートに当たりが出れば、同社のコーヒーたっぷりサイズが、通常のコーヒーと同じ料金でいただけるという企画です。

前述したように、コメダ珈琲店は自動車を使い店舗に足を運ぶ立地がほとんどです。そのため、接点となりやすいが業種の違うガソリンスタンドとキャンペーンをすることで、新規顧客を増やす企画を立てたのでしょう。

居酒屋の銘柄で大化けを狙う方法

もう一つ注目しておくべき銘柄が**ヨシックス（３２２１）**になります。

同社は名古屋地盤の居酒屋チェーン店で「や台ずし」「ニパチ」が主力業態です。

２０１８年度は54店新規出店し、積極展開を続けておりますが、４年後の２０２２年には

【コメダＨＤのコラボ企画には注目の価値あり】

売上高３００億円、５００店舗目標というプランを掲げています。

２０１８年の実績は売上高１５６億円、店舗数は２８４。今後４年で約2倍という高成長となりますが、出店ペースとしては、年間55店舗ペースで達成可能です。しかしながら、赤字やそのほかの事情で退店する可能性ももちろんあるため、もう少し上。年間60店前後での出店ペースになると思われます。

２０１８年度の新規出店が54店舗あったため、この予測は実現不可能ではないでしょう。ヨシックスの出店ペースはかなり早いですが、それを実現するための戦略が２つあります。

一つは建築部門の存在、もう一つが居抜き物件を狙うことです。

ヨシックスは創業した時から居酒屋を営んでいたのではありません。創業時は吉岡建装という建築会社でした。その後、居酒屋へと事業転換をしたのですが、当初の建築部門は今でも残っています。

出店コストを抑えて、高収益も実現した秘密

建築の専門家でもある、この部署が同社の店舗デザインや設計等を行っていて、もちろんコストを抑えるための知識も豊富です。実際にこの部門がお店を建てるわけではないそうですが、外注するにしても、コストを抑えた出店ができるとのこと。これは他の小売外食店にはない強みでもあります。

もう一つの戦略は、居抜き物件を狙うこと。居抜きとは、ある物件の内部設備をそのまま残した状態で次の所有者に買い取られた不動産のことです。

土地だけの状態から店舗を作るのではなく、すでに居酒屋であったり、飲食店やコンビニだった店舗を改装して新規オープンさせるため、様々な設備をそのまま利用できるのです。

また、出店地についても、駅前の一等地を狙うのではなく、メインストリートから少しだけ離れた場所を狙うそうです。こうすることで、地代家賃を安くすることができるのです。

ヨシックスはコストが大きい店舗にかかる費用を徹底的に抑えることで、その分、食材にコストを使うことができるそうです。

次ページの上図は、ヨシックスと同業他社の自己資本比率、ＲＯＥの数値を比較した表です。

自己資本比率とは、総資本に対する自己資本の割合を示したもので、返済不要の自己資本が全体の何割あるのかを示した数値になります。10％以下なら危険水準、40％以上なら安定経営となります。

他社平均も40％を超えていますが、ヨシックスは60％近くあります。

続いてＲＯＥ。ＲＯＥは、効率的に株主資本を活用できているかを示す指標で、数字が高いほど良い企業とも言えます。

計算方法は当期純利益÷自己資本になりますが、他社平均の10％超と比べてヨシックスはその2倍以上となる25％もあるため、非常に効率的な経営がなされていることがわかります。

実際、同社の売上高と利益の推移をみていくと、年度が進むごとに、利益率が上昇しているのです。さらに前述したとおり、２０２２年度には売上高３００億円、店舗数５００店という目標を掲げています。

４年後には売上高、店舗数ともに倍にする計画ですが、実現した場合、株価も現在の

【ヨシックスの自己資本比率（3221）比較】

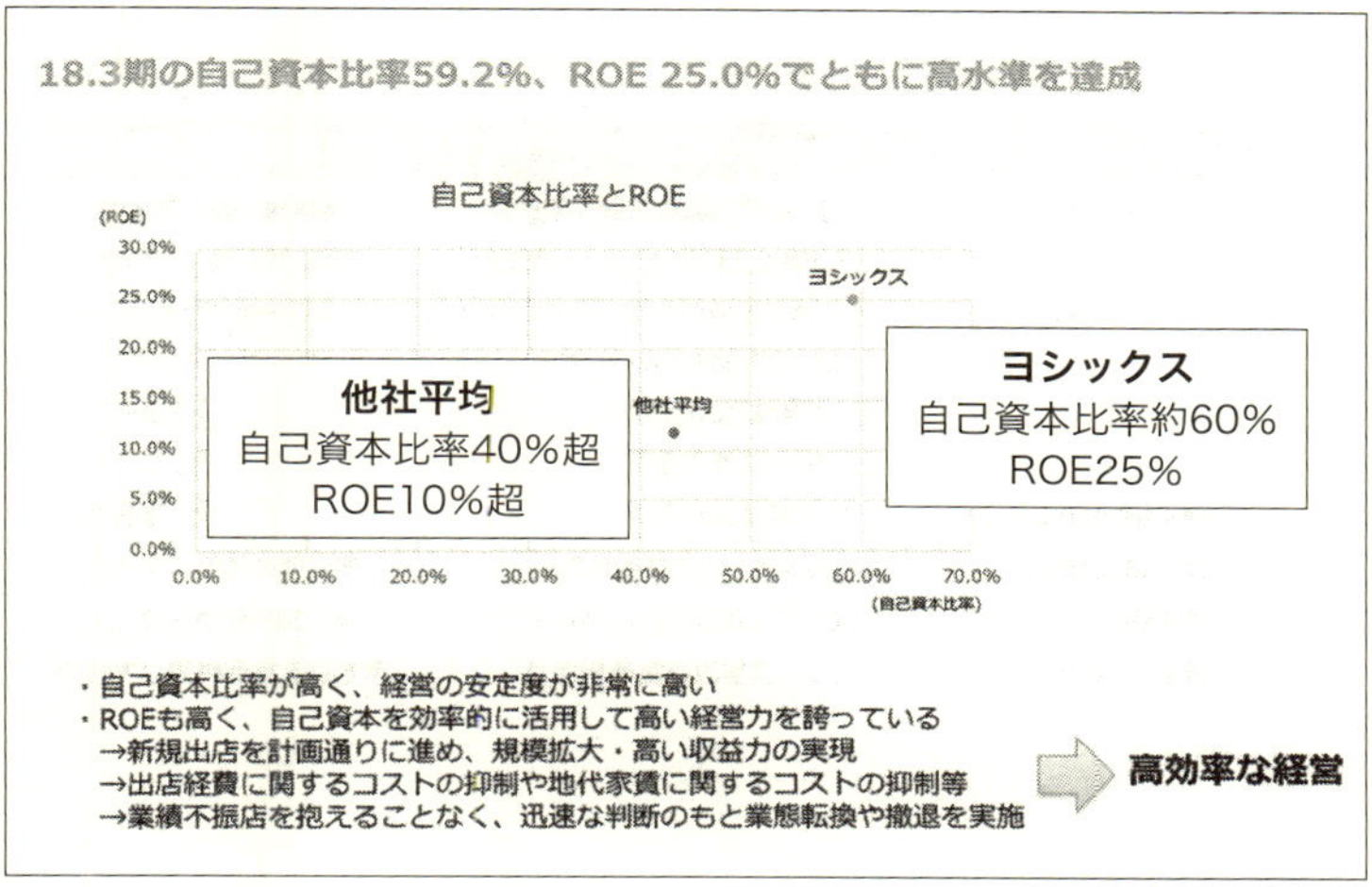

18.3期の自己資本比率59.2%、ROE 25.0%でともに高水準を達成
自己資本比率とROE
(ROE)
30.0%
25.0%
20.0%
15.0%
10.0%
5.0%
0.0%
0.0%
10.0%
20.0%
30.0%
40.0%
50.0%
60.0%
70.0%
(自己資本比率)
ヨシックス
他社平均
他社平均
自己資本比率40%超
ROE10%超
ヨシックス
自己資本比率約60%
ROE25%
・自己資本比率が高く、経営の安定度が非常に高い
・ROEも高く、自己資本を効率的に活用して高い経営力を誇っている
→新規出店を計画通りに進め、規模拡大・高い収益力の実現
→出店経費に関するコストの抑制や地代家賃に関するコストの抑制等
→業績不振店を抱えることなく、迅速な判断のもと業態転換や撤退を実施
高効率な経営

【ヨシックスの（3221）２年チャート】

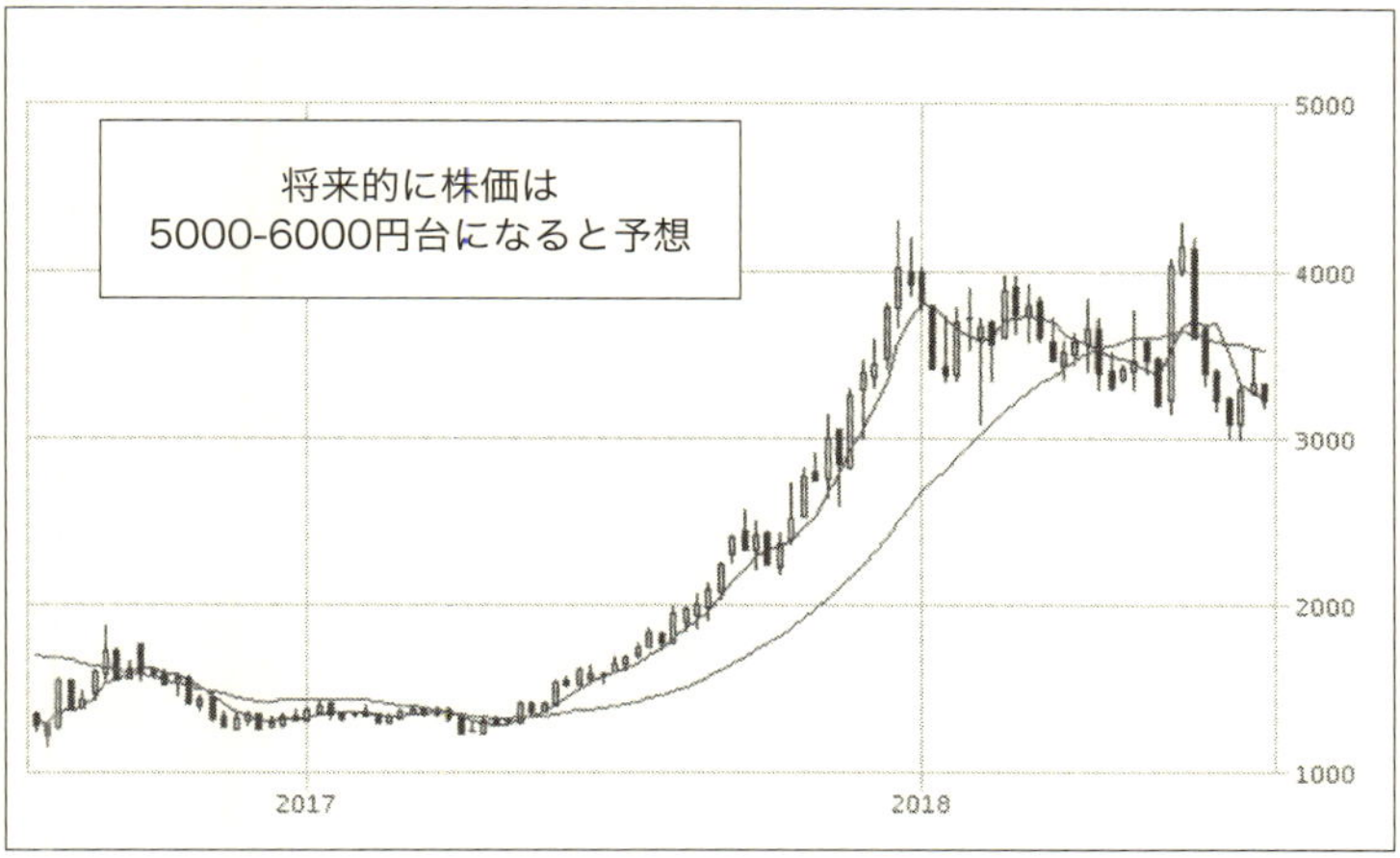

将来的に株価は
5000-6000円台になると予想
5000
4000
3000
2000
1000
2017
2018

２５００円台から、少なくとも２倍になることが想像できます。

また、実現の過程において利益率は今以上に向上していくと考えられるため、実際は２倍以上となるでしょう。

足元の業績は増収増益を続けているのは当然ながら、２０１７年後以降成長率が加速したため、株価は大きく伸びております。

以上、２銘柄を採り上げましたが、外食関連株で注目の地域が名古屋です。

味の濃い、個性的な印象のある名古屋めしですが、

名古屋の外食店銘柄は大化けする

ことが多いと感じます。

第5章

月収20万へのステップ④

「配当株」で着実に利益の底上げをする

配当長者を狙えるシンプルな投資先

株価の値上がりによる売却益は株式投資の一番の面白さでもありますが、突発的な悪材料や業績悪化により株価は急落することがあるため、判断力が要求される局面も出てきます。

株式市場でハンティングをするようなイメージですが、その対極にあるのが、毎年定期的に入ってくる配当金を狙った投資ではないでしょうか。

配当金狙いの投資の場合、売却益狙いというよりも、長期保有を目的とし、配当金を長期間に渡って貰い続けるというのが基本的スタンスになります。

種をまいて、育て、収穫した実を受け取るようなイメージです。

売却益狙いの投資を「狩猟型」に例えるなら、

配当金狙いの投資は「農耕型」

に例えることができるでしょう。プロ野球選手、プロ経営者がいるように、プロ農業者を目指すことで資産を増加させることも十分できます。

このパートでは、有望な投資先の紹介とともに配当長者を目指すシンプルな戦略についても紹介いたします。

利回り＋増配が見込める優良企業を先回り買い

利回りが高い会社というのは「配当利回り」という指標を確認するとすぐに見つけることができます。しかしながら、毎年10円とか20円といった同じ金額の会社。一律配当を続けている会社は選ばないようにしましょう。

こういった企業に投資をしても、5年後10年後も配当金の増加が見込めません。**増配がないということは株価の上昇も期待できない**からです。ただ単に利回りが高いからという条件で選ぶのではなく、配当金を増やしている傾向の会社を選んでください。

携帯電話で国内最大手、シェア4割強と非常に高い競争力がある**NTTドコモ（9437）**は基幹事業でもある携帯電話がストックビジネス型でもあるため、毎年安定的に利益を計上しています。

ストックビジネスとは、継続課金型ビジネスとも言われています。

一度販売契約を結べば、毎月、毎年という長期間で定期的に売上が発生する販売形態のことです。代表的なものに電力、水道などのインフラ。携帯電話や不動産などの賃貸契約があります。

異業種からもストック型ビジネスへ参入

また最近では、月額制や年額制など、ある商品やサービスに対して料金を払うのではなく、利用期間に対して支払いをする形式（サブスクリプションモデル）が新たなビジネスモデルとして登場しています。

総合アパレルメーカーの**レナウン（3606）**が7月10日、スーツを貸し出すレンタル事業に参入すると発表しました。新サービスの「着ルダケ」は月額4800円プランの場合、春夏物と秋冬物のそれぞれ2着のスーツを利用できます。年額税込みで約6万2000円かかりますが、レンタルで届くスーツは1着6万円前後するため、非常にお得な内容です。

その他、月額8600円を支払えば一日一杯ラーメンが食べられるという定額サービスを始めた「野郎ラーメン」など、前には想像もつかなかった業種が継続課金や定額制サービスに乗り出しています。

新たな料金形態を提案する背景には、安定的な収入を得たいという企業側の心理が見えてきます。

話はそれましたが、NTTドコモの配当金は2014年の60円から2018年には

100円へと毎年増加を続け、2019年度の配当金予想も110円。

現時点では予定ではありますが、連続増配が継続しています。

携帯電話の解約率は1%以下です。数あるストックビジネスの中でも解約率がとても低いため、今後も事業は盤石でしょう。過去の配当金推移も1999年度まで遡ってみる限り、一度も減配しておりません。

これからもスマートフォンの普及率増加により安定的に配当金を積み上げていくでしょう。筆時点での配当利回りは約3・9%、ほぼ4%です。

この時点でも非常に高い配当利回りのNTTドコモですが、2019年以降も同じようなペースで年10円の増配が続いた場合、3年後の2021年には130円まで増配すると推測できます。

130円まで増配すると、配当利回りは4・5%を超えてきます。株価水準についても、現在より切り上がっていく可能性が高いと言えます。

また同社は、次世代通信網となる5G（ファイブジー）普及に向けて取り組みをしています。

5G普及でもっともトクする会社

5Gとは、第5世代移動通信システムのこと。現在規格が進行中の次世代通信システムです。1980年代から販売開始された携帯電話ですが、通信速度は向上し続けてきました。そのため5Gも今までの流れと同様に、切り替わる可能性が非常に高いです。

ある日突然一気に切り替わるわけではありませんが、携帯端末および通信料金の価格上昇により、業績のさらなる上乗せ成長が考えられます。投資の世界に絶対という言葉はあり得ないのですが、5Gに関しては、発展していくことが極めて濃厚だと予言できます。

さらに、5G関連銘柄としてマークしておきたいのが**コムシスホールディングス（1721）**です。同社は電気通信工事を行う会社なのですが、NTT関係の工事が売上高の約5割を占めています。

さきほども書いたように、NTTドコモは今後、5G商用化に向けた設備投資を順次行っていくため、コムシスHDの工事が増えることが予想できます。

同社も連続増配が続いているのですが、現在の配当利回りは2%程度と、ドコモに比べて低いです。

けれども、業績は順調な上、今後は工事の増加により業績拡大が見込まれます。配当性向も上場企業平均の30%以下となっているため、連続増配が続くのではないでしょうか。

今期は60円の配当予想ですが、業績の進捗により、65円。あるいは70円への増配もありそうです。

（配当性向とは、会社の利益のうち、何割を配当金として支払うかを割合で示したもの。企業により大きな差があります。積極的に成長していく方針の会社は0％、つまり無敗という企業もあれば、利益のすべてを配当金として支払う。配当性向100％方針の企業もあります。）

¥ インフラファンドが激アツな3つの理由

インフラファンドとは、名前の通りインフラに投資して、配当金を受け取る金融商品になります。

現在、株式市場に上場しているインフラファンドは太陽光発電設備を所有しており、売電収入を投資家に分配金（インフラファンドおよびJ-REITの場合、分配金と呼びますが、株式の配当金と同じ意味です。）として支払います。

インフラファンドはJ-REITと非常によく似た仕組みの金融商品になります。J-REITの投資対象は主に不動産です。オフィスビルや商業施設、賃貸住宅、ホテル等の不動産を共同購入して、そこから得られる賃貸収入を投資家に配当するという仕組みです。

これの太陽光発電設備版がインフラファンドになります。インフラファンドは2016年6月に第一号銘柄が上場、執筆時点で4銘柄上場しておりますが、株式と同じように4ケタの証券コードがあり、いつでも売買可能です。

インフラファンドはスタートして間もない、新しいタイプの投資先でもありますが、**高配当株やJ-REITと比べても、配当利回りが非常に高い点がメリット**として挙げられます。

上場しているすべての株式の平均配当利回りは約1.5%。高配当株と呼ばれる配当利回りが高い種類の株式で3~5%弱、J-REITで約4%程度です。

一方、**インフラファンドは6.5%前後あります**。数ある投資先の中でもインフラファンドは群を抜いています。

配当利回りが6.5%もあれば、NISA枠上限である120万円の投資で、

年間7万8000円も配当金が入る

計算になります。15年保有すれば、投資した代金とほぼ同じ金額の配当金を受け取れる

ことができます。最終的にインフラファンドを売却したとしても、投資額以上の金額を手にできる可能性が高いのです。

インフラファンドは高い配当利回りに加えて、今すぐ投資するべき理由がいくつもあります。

利回り6・5%の激高インカムゲイン

①配当性向ほぼ100%の還元率

まず一つ目が還元率の高さです。株式の場合、配当性向の平均は約30%です。配当性向の高い会社でも50%程度となっており、それ以上高い会社は、上場企業の中でも、ほんの一握りしかありません。

それが**インフラファンドの場合、利益の還元率を示す配当性向がほぼ100%**となっています。極端に配当性向が高い理由ですが、利益の90%以上を配当金として支払うことにより、法人税を支払わなくていいという特別なルールがあるためです。

そのためインフラファンドは利益のほぼ全てを投資家に配当金として分配しているのです。株式は法人税を払うため、配当金に回る割合が必然的に減りますが、インフラファンドは法人税を支払う部分についても配当金に上乗せできるのです。当然、配当金および配当利回りが高くなります。

②景気に一切左右されない

株式の場合、事業が投資対象となるため、業績が景気に左右されるリスクがあります。景気が悪化すればもちろん株価は悪化しますし、その兆候が見られただけでも即座に反映されます。

株価変動リスクを常に意識する必要がありますし、実際業績が悪くなって減配。つまり配当金が減少したら、株価の大幅下落を覚悟する必要があります。

インフラファンドの場合、太陽光発電設備が投資対象となるため、配当金を左右する要素は天候や日照時間です。なので、景気が株価や配当金に与える影響は一切ありません。

③知名度が低いため株価が低い

インフラファンドは２０１６年に創設され、６月に新規上場しましたが、まだ2年ほどです。インフラファンドという名称を今回始めて聞いた方が大半だと思います。

先ほども申し上げた通り、４銘柄しか存在していないのですが、だからこそ株価が低く、配当利回りが高いままで放置されているという側面があります。

インフラファンドと仕組みが似ているＪ‐ＲＥＩＴも、市場がスタートしたばかりの頃は配当利回りが平均６％もありました。それが認知度の向上や銘柄数の増加、機関投資家

【インフラファンドの上場銘柄一覧】

名称	証券コード	株価	配当利回り
タカラレーベンインフラ投資法人	9281	113.400円	6.47%
いちごグリーンインフラ投資法人	9282	62.100円	5.73%
日本再生可能エネルギーインフラ投資法人	9283	95.300円	6.78%
カナディアン・ソーラー・インフラ投資法人	9284	98.700円	7.29%

からの買いが集まり、4%台まで上昇しました。

J-REITの歴史を振り返ってみると、**インフラファンドも知名度の向上とともに、投資家の意識が変化し、続々と買いが集まることも予想さ**れます。

執筆時点ではカナディアン・ソーラー・インフラ投資法人を除く3銘柄は機関投資家の買いはありませんが、資金力のある投資家が動くと株価は上昇。配当利回りは一気に低下しますので、そうなる前に保有検討しておきましょう。

¥ インフラファンドの超スゴい3つのリスク対策

ここまでインフラファンドに投資するメリットを中心に話をしてきましたが、デメリットやリスクについても解説していきます。インフラファンドに投資する上で、気になるリスクが以下の3つです。

①ＦＩＴ制度
②天候
③災害

順番に解説していきます。

①固定料金の値下げに対応するＦＩＴ制度

まずＦＩＴ制度について。ＦＩＴ制度とは、エネルギー固定価格買取制度の略です。国が定める固定価格で一定の期間、電気事業者に調達を義務づけるもので2012年7月1日にスタートしました。太陽光発電設備で発電された電力は固定価格で買い取られますが、制度発足当初の買い取り価格は1キロワット当たり42円でした。

それが年々下がり続け、2017年には1キロワット当たり24円まで減少しました。そのため、これからも固定価格料金が下がり続ければ、インフラファンドに投資しても儲からないという不安が高まるかと思います。

ですが、FIT制度は契約を結んだ年度から20年間固定料金となっています。つまり、42円で契約した設備については、その年から20年間に渡り42円で買い取ってもらえるのです。FITの買い取り価格下がり基調ではありますが、売電収入が下がり続けるわけではありません。この点、混同されている方も多いのではないでしょうか。

②固定収入＋歩合収入で天候リスクを相殺

続いて天候リスクについて。

太陽光発電は天気が良ければ、それだけ売電収入が増えますが、天候が悪くなれば減るというイメージがあると思います。景気に左右されないインフラファンドも、天候という不確定な要素で大きく変動するリスクが怖いという投資家もいると思います。

それは事実でもあるのですが、インフラファンドの契約形態は固定収入＋歩合収入となっています。

固定収入については、どんなに天候が悪化しても、必ず得られるお金の部分です。もし仮に半年間連続で雨続きとなり、売電収入が大きく下がったとしても、固定分は必ず配当金として支払ってくれます。逆に、好天に恵まれた場合、固定分に加えて歩合分が加算される契約となっています。

現在上場している4つのインフラファンドはどれもが控えめの配当金予想をしています。そのため、減配発表は滅多になく、増配を発表するケースがほとんどとなっております。

固定収入＋歩合収入という契約形態については、他の投資本にほぼ書かれていないため、ぜひ覚えていただければと思います。

③災害リスクも保険でカバー

最後、災害リスクについて。

地震、台風、水害などにより太陽光発電設備が壊れてしまった場合、配当金が下がるリスクが当然考えられます。日本は外国に比べて台風、大雨、大雪、洪水、土砂災害、地震、津波などの自然災害が発生しやすいため、このリスクは高い確率で発生すると考えられます。インフラファンドは災害が発生した場合に備え保険をかけています。保険のタイプについては、太陽光発電設備だけではなく、設備が稼働できなかった期間中の売電収入に対

【タカラレーベンインフラ投資法人 上場時からの株価推移】

してもかけられています。発電設備が壊れたとしても、利益補償対応型の保険契約を結んでいるため、売電収入も補填可能となっています。

以上、インフラファンドに投資するメリットとリスクについて説明しました。

リスクについても紹介したのですが、想定できるものの多くは対策がきちんとなされています。その割には、配当利回りが6～6・5％と非常に高いので、私は有望な投資先の一つではないかと捉えております。

今は知名度が低く、資金力のある機関投資家の参入もありませんが、知られだしたら一気に利回りが5％以下になる可能性も十分あるでしょう。

¥ 4社中でもタカラレーベンインフラファンドに注目

上場しているインフラファンドの一覧は131ページに記載しましたが、その中でも**タカラレーベンインフラ投資法人（9281）**に注目しています。

同社は人口の集中している関東圏に太陽光発電所を保有しているため、人口減少による需要減という不安要素がほぼありません。

また、1キロワット当たりの買い取り価格40円の発電所が5か所、36円の発電所が13か所と、かなり高い時期で契約した場所ばかりです。

さらに注目すべきポイントが増配発表の回数です。**2017年は年4回、2018年は8月末時点ですでに4回増配発表をしており、4銘柄の中でも突出して多い**です。当然ながら、増配発表をするたび株価はプラス方向に反応しますが、これからも同社の増配発表は続くと感じます。

執筆時点での株価は11万円前後ですが、最終的に2016年6月に上場した時の高値、14万円あたりまで株価が上がると予想しております。

第6章

超シンプルな売買ルールで
利益を驚異的にアップ

¥ 最低半年の保有！　決心を支える3つの考え方

保有したい株式が見つかった場合、頻繁に売買をするのではなく、まずは半年。頑張って持ち続けるようにしてください。

株式投資を始める。継続していく上での悩みは数多くありますが、その中でも多い悩みのベスト3が「どの株を買えばいいのかわからない」「含み損や塩漬け株の対処など、損に関するもの」あと一つが「売買タイミング」です。

悩んでいる根本的な原因を聞いたり調べていくと、投資スタンスや方法が定まっていない。日々の株価情報や経済ニュースにより運用方針がコロコロ変わってしまうことに本質があるようです。

長期保有は副業投資家に最適

サラリーマンなど本業がある人は、株式投資にかけられる時間は限られています。一度に多くの会社を調べたり業績のチェックをすることはできません。そのため、売買を頻繁に繰り返すよりも、保有期間を長く、極限まで株価が上がるまで保有を続けるという戦略に切り替えてしてください。

ここでは、長期で保有すると決心したにもかかわらず保有を続けられない。または、売買タイミングに関する悩みを克服するための秘訣を紹介します。

①企業の将来性に目を向ける

後で後悔するような取引を続けてしまうには、企業の業績や成長などの将来性よりも、株価変動のほうに意識が向いている。あるいは優先度が高いと思います。

ある種のテーマや話題性、材料で株を選ぶ場合、テーマがさらに盛り上がれば株価は購入したタイミングからさらに上昇しますが、テーマが飽きられてしまうと、株価は下げの一本調子となります。

その株を持っている意味は無くなりますし、最終的に「自分はどうして、この株を買ったのか?」という結論になり、投げ売りしてしまうのです。そのパターンを繰り返していくと、大事なお金が減り続けるため、まずは会社の業績や将来性から保有したい会社を選ぶべきです。

②株価だけを追いかけない

2点目が株価です。株価は投資判断の材料として一番気になる数字ですが、株価だけを追いかけた投資をしている人は、長期投資に向きません。

株価というのは3日連続で上がる時もあれば、逆に3日連続で下がる時もあります。下がった時に、市況やマーケットなどの外部要因。自分の努力だけではどうすることもできない要素だと、業績で判断する方法に比べて、保有を続けることができません。**動機がなくなった上に、下落し続ける株価を眺めていたら、売りたくなる衝動に駆られるのは当然**です。

あなたが風邪を引いたとします。「風邪ですか?」と聞かれて、最初は違います答えたとしても、2人目に同じことを聞かれると「やっぱり風邪かも」と、心のどこかで感じるでしょう。3人目に風邪ですか? と質問されたら「私は風邪をひいてしまったんだ」と気づかされますよね。それと同じです。

株価は頻繁に見ないほうが長期保有に適しています。

③投資資金は余裕資金の50%まで

それでも日々の株価変動に一喜一憂してしまう場合、株式への投資ウエイトが高すぎると思われます。

株式投資などのリスク資産は定期預金や国債などの無リスク資産と違って、元本がマイナスとなるリスクがあります。あなたの全資産を株式に集中投資していたとしたら、ちょっとした株価の変動でもダメージが大きく響きます。

老後資金などのことを考えて、ある程度安全資産で置いておく必要があります。株価急落の確率を低く見積もっていたり、株価は最終的に上がるという前提でいたとしたら、恐ろしい結果が待ち受けています。

株式投資などのリスク資産は、余裕資金での運用を心がけること。投資ウエイトも最大で50％までにしましょう。１００万円の余裕資金があったら、50万円まであなたの投資上限だということです。

「儲かる前提」で投資をするな

また、一つの株式に全力投球するのではなく、最低5銘柄に分散投資するべきです。短期間で大儲けを狙うのではなく、気長に投資と付き合うのが長期投資の秘訣です。

私の場合、一度買ったら最低半年は保有を続けるマイルールを設定しています。何があっても半年は売らないため、驚かれたりするのですが、売るくらいなら買わない。という方針で株と向き合っています。

株式投資は現代版わらしべ長者だと言えます。

わらしべ長者とは、最初は一本の藁《わら》だったものを物々交換しながら、最終的には屋敷の主人になるという昔ばなしです。

昔、ある一人の貧乏な男がいました。毎日真面目に働いても暮らしが良くならないので貧乏から何とかして逃れようと観音様に願をかけたところ「初めに触ったものを、大事に持って旅に出なさい」とのお告げをもらいます。

男は観音堂から出るやいなや石につまずいて転び、偶然1本の藁《わら》しべに手が触れました。男はお告げ通り、わらしべを手に旅に出て、色々なものと交換しながら裕福な暮らしを手にしました。

わらしべ長者は昔ばなしではありますが、株式投資もわらしべ長者とよく似ていると思います。**モノではなく、株式の適時交換を繰り返すことによって、資産がどんどん巨大化していく**からです。

株価が30％上昇したタイミングで売却することを繰り返した場合、6回で資産は4倍になります。一方、保有期間は長くなっても株価5倍まで粘れたら、2回繰り返しただけで資産は25倍になるのです。

資産の爆発的加速をもたらしてくれるのは、頻繁な売買ではなく、株価が上がりきる時まで我慢することです。その第一歩となるのが半年保有です。半年保有できれば1年保有、さらに長期へと繋がります。

次の項目からは、半年保有で利益を拡大させるための投資ノウハウを公開していきます。

¥ 進捗率と予想のギャップを狙い撃て

株価はポジティブサプライズ（いわゆる好材料のこと。企業の業績が上向くような発表が出ること）が出ると、急騰したり、ストップ高まで上がることがあります。

（ストップ高とは、証券取引所が決めている、1日で変動できる制限値幅一杯まで株価が上昇したことを言います。値幅制限の基準は銘柄の株価により異なります）

個人投資家だけではなく、投資のプロである機関投資家やファンドマネージャーも含めた、すべての投資家が日々、ポジティブサプライズを追い求め続けています。

ですが、ポジティブサプライズというのは、企業の外側にいる人間から簡単にわかるものではありません。そのため、いくつもの情報や参考資料がヒントとして存在していますが、**数ある投資指標や数字の中でも、最も有効なものが業績および利益**です。

株価は最終的に業績で決まる

ではなぜ業績に最も注目するのか？　利益を最重視するのかについて説明いたします。

企業の価値をわかりやすく数値化したものに、時価総額があります。時価総額は、現時点で会社が保有している資産や収益に加え、将来にわたって生み出す利益までを含めた企業価値の合計でもあります。企業規模が大きくても、今後衰退していきそうな企業は時価総額が小さいです。逆に、現時点での企業規模は小さくても、将来の成長に対する期待が大きい会社や、高成長企業は時価総額が大きくなります。時価総額は、

発行済み株式数 × 株価 ＝ 時価総額

という計算式で算出できます。

時価総額を大きくする場合、発行済み株式数もしくは株価を上げる必要があります。しかし、株式数というのは基本的に増えません。そのため、株価が上がることで、時価総額。つまり企業価値を向上させようとするのです。

毎年1万円のお金をあなたにもたらしてくれるA会社と、毎年10万円もたらしてくれるB会社。どちらも30万円で売られていたとしたら、だれもがB会社を所有したくなりますよね。

やはり、業績や利益が増えている会社の株は上がっていきます。経済の原則からして、逆は有り得ないのです。

好材料を掴む要素は「分析」と「決断力」

株式の結果に直結する好材料やポジティブサプライズですが、発表する前に見つける手がかりとして最も代表的な資料が決算短信です。

決算短信とは、企業の決算発表をまとめた資料のことです。四半期（3か月）ごとに発表されますが、その都度、会社予想と最新の業績進捗率を比較できます。予想よりも実際の進捗率のほうが高ければ、今後業績が上乗せされる確度が高まるため、好材料を掴むための最適な媒体ともいえます。

決算数値が予想よりも良かった場合、業績の上乗せを期待した投資家が先回り買いを入れます。そのため、決算短信が発表された翌日の株価は大きく上がります。また、株価上昇が翌日以降もしばらく続くことさえあります。

その後、会社が正式に業績の上乗せや上方修正などを発表します。今までギャップがあったものが埋め合わされたタイミングで、これもまた好材料として反応する投資家が出てきます。

つまり、ポジティブサプライズには

①ギャップが発生した決算短信公表直後
②実際に業績の上乗せを発表した時

と、2回の株価が高騰するタイミングがあるのです。

決算短信はポジティブサプライズを事前に発見する重要なツールですが、次項からは、ギャップを事前に見つける方法、ポイントをいくつか紹介いたします。

¥ 上方修正される2条件を知って先回り投資

上方修正とは、会社が予想していた以上に利益を伸ばしてる場合、上場企業の適時開示ルールに則って発表修正しなければならないものです。

上方修正を発表しなくてはいけない基準は厳格に定められていて、

①売上高で10%以上のかい離
②営業利益・経常利益・当期純利益のいずれかで30%以上のかい離

があった場合です。

上方修正を発表することは、会社が思っている以上に利益を急激に伸ばしている証拠でもあります。そのため、上方修正を発表した企業はすぐさま伝えられ、株価が反応します。

また、上方修正を発表した数値が、事前予想を大きく超えるものだったり、誰もが想定できなかった意外な企業が発表した場合の効果はすさまじく、ストップ高が数日続くこともあるのです。

また、業績のかい離が上方修正の基準にまで達していなくても、会社予想よりも高い進捗率だっただけでも、株価が急騰するケースもあります。

実は、上方修正はかい離率の基準は決められていても、発表する日の決まりはありません。決算短信発表と同時にでもいいですし、ある程度期間を空けてもいいのです。

極端な話、最後の決算短信発表日の前日でもいいのですが、発表日が決まっていないという条件が、投資家の期待買いを誘うのです。ですから、**売上高あるいは利益が上方修正の基準に達しているにもかかわらず、上方修正発表を控えている会社は注目すべき**でしょう。

前頁で紹介した、2つの基準を覚えておけば、対象銘柄は見つけられます。プレスリリース配信サイトという独自色の強い業務を運営しているPR TIMES（3922）が発表した決算短信は好事例です。同社は企業および個人のニュースリリースや告知をまとめたサイトを運営しており、創業以来11期連続で売上高25％成長を続けています。

¥ 1分で終わる決算短信のシンプルチェック法

2018年5月末で利用企業数が2万3000社を突破。顧客は増え続けており、新規上場（IPO）に関する告知案件も多いそうです。近年は地方金融機関と業務提携し、地方自治体や中小企業のPR支援も開始するなど、取引先のすそ野も広がっています。

そんなPR TIMESですが、2018年7月21日に発表された第1四半期（1Q）決算短信が、大幅増収となりました。P150の図は決算短信資料の1ページ目になりますが、見ていただきたいのは枠で囲った部分です。

①の枠は業績の進捗率を示したものです、左から順番に売上高、営業利益、経常利益、純利益となります。（単位は百万円）

利益の30％かい離は好材料につながる

利益は3つありますが、営業利益は本業の利益を示したもの。経常利益は営業利益に預金利息や為替差損益など、本業とは異なる財務活動によって得られた利益のこと。純利益は税金等を支払った後に残る、最後の数字となります。

人により営業利益を最も重視する人、経常利益を重視する人など様々ですが、著者は最後に残った純利益を最も重視しています。配当金の原資となるお金も純利益から支払うことや、ＰＥＲや配当性向なども純利益を基に計算しているためです。

売上高を確認すると、前年比36・２％増の５億２６００万円。純利益は82・８％増の９０００万円となっております。

一方、②の枠で囲ってある会社予想を見てみると、２Ｑ売上高予想は22・９％増の９億８９００万円、純利益は０・４％増の１億２５００万円となっています。

１４７ページでは、上方修正をしなければならない基準に「売上高で10％以上」「利益で30％以上」の２つを紹介しましたが、１Ｑ実績と２Ｑ予想を比較してみると、どちらも該当していることがわかるはずです。

執筆時点で上方修正は発表されていませんが、**２Ｑ期間中も順調な業績であれば、２Ｑ発表前に上方修正が発表される可能性が濃厚**です。

【PR TIMES（3922）の決算短信】

2019年２月期　第１四半期決算短信〔日本基準〕（連結）

2018年７月12日

上場会社名　株式会社ＰＲ　ＴＩＭＥＳ　上場取引所　東
コード番号　3922　ＵＲＬ　http://prtimes.co.jp/
代表者　（役職名）代表取締役社長　（氏名）山口　拓己
問合せ先責任者　（役職名）執行役員　管理本部長　（氏名）寺澤　美砂　ＴＥＬ　03（6455）5464
四半期報告書提出予定日　2018年７月12日　配当支払開始予定日　－
四半期決算補足説明資料作成の有無：有
四半期決算説明会開催の有無　：有（機関投資家・アナリスト向け）

①

（百万円未満切捨て）

１．2019年２月期第１四半期の連結業績（2018年３月１日～2018年５月31日）

（１）連結経営成績（累計）　（%表示は、対前年同四半期増減率）

	売上高		営業利益		経常利益		親会社株主に帰属する四半期純利益	
	百万円	%	百万円	%	百万円	%	百万円	%
2019年２月期第１四半期	526	36.2	133	85.8	132	84.8	90	82.8
2018年２月期第１四半期	386	21.8	71	33.3	71	54.2	49	61.5

（注）包括利益　2019年２月期第１四半期　[illegible]百万円（82.8%）　2018年２月期第１四半期　49百万円（61.[illegible]%）

	１株当たり四半期純利益	潜在株式調整後１株当たり四半期純利益
	[illegible]	[illegible]
2019年２月期第１四半期	[illegible]	[illegible]
2018年２月期第１四半期	[illegible].58	7.29

売上高で10%以上のかい離

純利益で30%以上のかい離

（注）当社は2018年３月１日付で普通株式１株につき２株の株式分割をいたしましたが、前連結会計年度の期首に当該株式分割が行われたと仮定し、１株当たり四半期純利益及び潜在株式調整後１株当たり四半期純利益を算定しております。

（２）連結財政状態

	総資産	純資産	自己資本比率	１株当たり純資産
	百万円	百万円	%	円 銭
2019年２月期第１四半期	1,955	1,658	84.8	248.39
2018年２月期	1,943	1,568	80.7	234.87

（参考）自己資本　2019年２月期第１四半期　1,658百万円　2018年２月期　1,567百万円

（注）当社は2018年３月１日付で普通株式１株につき２株の株式分割をいたしましたが、前連結会計年度の期首に当該株式分割が行われたと仮定し、１株当たり純資産を算定しております。

２．配当の状況

	年間配当金				
	第１四半期末	第２四半期末	第３四半期末	期末	合計
	円 銭	円 銭	円 銭	円 銭	円 銭
2018年２月期	－	0.00	－	0.00	0.00
2019年２月期	－				
2019年２月期（予想）		0.00	－	0.00	0.00

（注）直近に公表されている配当予想からの修正の有無：無

②

３．2019年２月期の連結業績予想（2018年３月１日～2019年２月28日）

（%表示は、通期は対前期、四半期は対前年同四半期増減率）

	売上高		営業利益		経常利益		親会社株主に帰属する当期純利益		１株当たり当期純利益
	百万円	%	百万円	%	百万円	%	百万円	%	円 銭
第２四半期（累計）	989	22.9	207	15.2	198	10.2	125	0.4	18.72
通期	2,100	22.3	455	21.1	445	20.0	294	21.8	44.04

（注）直近に公表されている業績予想からの修正の有無：無

決算短信資料の1ページ目、上下の枠を見比べるだけで、好材料が発表される確度の高い銘柄を発見することができます。

決算チェックを劇的にラクにする4つの媒体

決算短信は会社ホームページ、IR情報というページから確認できますが、気になる会社の決算短信をすべて調べていくと、途方もない時間がかかってしまいます。

時間の限られている個人投資家には難しいため、以下の4つの媒体から好決算や好材料が発表される企業を効率よくチェックしていきましょう。

①証券会社の決算ニュース

証券口座をお持ちの場合、上場企業の決算短信を速報で教えてくれます。

楽天証券の場合、気になる銘柄のニュースを、登録したメールアドレス宛に配信してくれるサービスもあります。事前に登録しておけば、決算短信を見逃すというケアレスミスも減るため、かなり便利です。

（決算情報のニュース配信等のサービスは証券会社ごとに内容が異なります。そのため、詳しくは証券口座を保有している証券会社にお問い合わせください。）

②株探

平日夜の20時、日曜日は13時30分に「明日の好悪材料を開示情報でチェック！」というニュースが更新されます。

この記事では、主な上場企業の業績発表を好材料、悪材料と分けて伝えています。その他、株式分割や自社株買いなどの材料も伝えてくれますので、業績に動きのあった会社を幅広く知りたいという方にはうってつけのサイトです。

☆株探ホームページ（https://kabutan.jp/）

③日経新聞

4大新聞の中でも経済、株式に関する内容が豊富です。中ほどには「企業」「投資情報」「マーケット総合」面があり、この紙面で業績に関する速報が掲載されています。

日経新聞は、**個別企業ごとに紙面の大きさが違うため、どの会社により注目しているのか、温度差がインターネット記事と比べて伝わりやすい**という特徴があります。

また、新製品や新業態に関するニュースもたくさんあるので、読み続けることで経済や株式に相当強くなるでしょう。日経新聞電子版ならキーワード検索が可能です。月4900円（一部地域4000円）と有料ですが、上方修正、増益などで検索すれば該当記事と銘柄がすぐに出てきます。

④コロ朝ニュース

新聞を購読していないが、内容を把握しておきたい。どんなことが書かれているのか概要だけでも知りたいという方には、コロ朝ニュースがオススメです。

毎日朝一に配信されるメールでは、各新聞の経済記事から選りすぐりの投資情報。個人投資家目線で即効性が高いと思われる注目株の紹介もしてくれます。

日本経済新聞はもちろん、日刊工業新聞、日経産業新聞など、やや専門的な新聞からも注目記事を抜粋してくれます。

また、日経ヴェリタスは週1回発行の新聞ですが、週刊のため中期視点でのテーマが多いこと。株式、投資に関する記事の比率が高いことに特徴があります。

週刊投資金融情報紙ともいえる日経ヴェリタス。投資家であれば読むべき新聞の一つなのですが、こちらも週末に配信されるメールで概要をチェックできます。

☆コロ朝ニュースホームページ（http://www.koronoasa.com/）

¥ 四半期ズレ込みの2大要因を知って先回り

半年間保有すると決めた場合、今までの短期売買よりもギャップを狙った買いチャンスが増えます。

その一つが**業績のずれ込みによる株価の変動を狙った投資**です。

商品やサービスの提供と、代金の受け取りは同時に発生するとは限りません。洋服の場合、商品を販売する前に、生地や材料を先に仕入れる必要があるため、先払いすることになります。その後洋服を作り、実際に売れた段階で、

ようやく企業は利益を出せる

ことができるのです。

企業活動においては、商品が売れるまでにタイムラグが起こるのですが、この現象がマイナス材料となることもあります。

【ストライク（6196）の6ヶ月チャート】

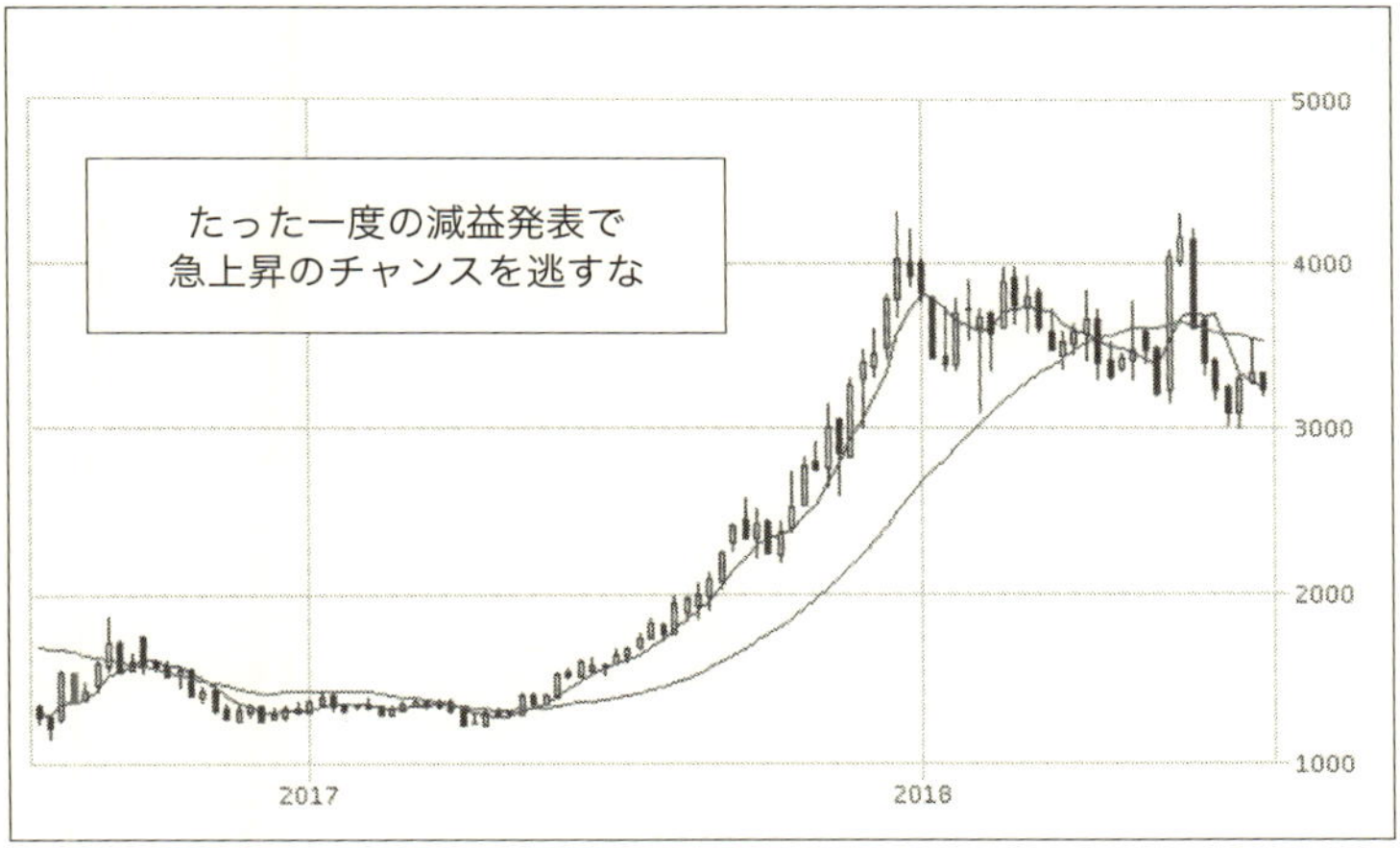

62ページでも紹介したM&A仲介会社のストライク（6196）は2018年3月19日、2Q決算短信を発表しました。

売上高は前年比ベースで10・6％増の15億5200万円と順調ながら、純利益は13・2％減の3億3100万円となりました。さらに同日、下方修正を発表したため、株価は下落に転じます。（下方修正とは、業績が従来予想よりも下方向となった場合発表するものです。上方修正の逆と認識していただければ、一番わかりやすいです）

契約が遅れても焦りは禁物

3月26日には株価が3000円を割り込むまで下がりますが、下方修正となった要因を確認すると「新規受託件数は当初の予想を上回って推移しており、当第2四半期累計期間の案件成約組数は過去最高を見込んでおります。しかしながら、**第2四半期累計期間での成約を見込んでいた大型案件が、下期での成約となった**」という記載がありました。当初、大型案件の成約が2Qまでに成立すると見込んでいたものが、3Q以降となったため、減益に転じたと伺えます。

しかしながら、日々売買を繰り返すトレーダーや、株価を追いかける短期筋の投資家は、この下方修正を悪材料と判断したのでしょう。株価は売られました。

でも心配ご無用。この減益は次の四半期。つまり3Q以降に計上されるため、下方修正をネガティブに捉える必要はありません。むしろ、一時的な売りは半年保有の投資にとって買いチャンスとなるのです。

約3か月後に発表された3Q決算短信は売上高前年比39・9%増の28億1900万円、純利益は27・8%増の7億1700万円となりました。

2Qと比べて売上高で29・3%、純利益で41%も急上昇しました。この結果を受けて株価は大きく回復。2Q発表後の3000円以下から4500円を超えるまでになります。

わずか3か月で株価は1・5倍になったのです。

業績の四半期ズレ込みで多いパターンが以下の2つです。

①商品の納期ズレ込み

商品を先に収めたが、代金の支払いがまだというケースです。この場合、のちの好材料に繋がる可能性が高い。

②受注はもらっているが未納入

注文を先にいただいているが、製品が完成しておらず、売上、利益ともにまだ発生していないケース。この場合、これから売上や利益が発生するため、業績の先読みがしやすい。

さらに、過去最高の受注高となった場合は、業績も最高益になると連想しやすいです。**計上期間のずれは、業績悪化の言い訳ではなく、事実。半年保有前提の場合は買いチャンスという認識で受け止める**ようにしましょう。

半期に一度の大売り出しセールを狙い撃つ

また、四半期ズレ込みと似たような事象に、季節要因があります。たとえば飲料水の場合、気温の高い夏場がよく売れます。猛暑だと、さらに売上高が伸びますが、冬は夏に比べて売上高は下がります。

企業の業績は年間を通して均等に業績を積み上げていくのではなく、

会社ごとに季節的な要素が含まれてくる

のです。

繁忙期と閑散期を事前に知っておけば、業績の下がる閑散期に株を買い、業績の上がった繁忙期に利益確定売りをするという、株価変動を先取りした投資ができます。

ＡＢホテル（６５６５）の場合、２０１７年度の純利益は7億２３００万円でしたが、四半期ごとの純利益と構成比を確認すると、次のようになります。

【ＡＢホテル（6565）の四半期ごとの純利益額】

季節	第1四半期（4〜6月）	第2四半期（7〜9月）	第3四半期（10〜12月）	第4四半期（1〜3月）
純利益	130	206	224	161
構成比	18.0％	28.5％	31.0％	22.5％

※単位は百万円

構成比でみると、１Ｑが18・０％と一番低く、２〜３Ｑは30％前後あります。そのため通期純利益予想に対して進捗率が低くなる１Ｑのタイミングは、株価も低迷しやすいと考えられます。

一方で２〜３Ｑにかけては業績の進捗率が一気に伸びるため、株価も上昇基調となるはずです。そのため株価が見直されてくる前、**１Ｑ発表時から２Ｑ発表までが買いチャンス**だと判断できるでしょう。

季節要因は昔からよく知られている業種のものと、まだあまり知られていない業種、企業があります。**後者の銘柄を見つけることができれば、儲ける引き出しが増えるため、四半期ごとの構成比についても目を配る**ようにしてみましょう。

¥ 先行投資は将来の企業成長につながる

私は大型株よりも小型株を中心に狙いますが、そのなかでも**竹本容器（4248）**という会社はマイナーだと思います。

同社は化粧品メーカーや食品会社向けプラスチック容器の金型を作る会社です。縁の下の力持ち、大企業のサポート役という存在なのですが、近年は化粧品会社向けの製品が販売を伸ばしています。

化粧品関連の銘柄は国内販売の増加にプラスして、

インバウンド需要の拡大などの恩恵

もあり、大きく株価を伸ばした会社がいくつも出ました。

国内大手の**資生堂（4911）**は2017年、年初の株価3000円台から1年半で9000円を超えるまでに急騰しました。

海洋性コラーゲン主成分の化粧品、ドクターシーラボをデパートやドラッグストア、ネットショップ等で販売している**シーズホールディングス（4924）**も2017年の1年間で株価が2倍になりました。

極め付きは美顔器や痩身器具など家庭用美容器具を販売している**ヤーマン（6630）**です。ヤーマンは美容ローラーや美容関連商品が絶好調です。大手家電量販店では、この美容ローラーや美顔器がガラスケースに入れられて、5万円10万円という値段で販売されています。

化粧品が絶好調、次の一手はこの会社

男性の方は興味が薄いと思いますが、女性は肌にものすごく価値を感じており、高額な美顔器でもよく売れます。一度、妻が使っている製品を手に取り、どの会社のものかチェックしてみてください。次の投資先が見つかるかもしれませんね。

ヤーマンの2015年純利益は3億1100万円でしたが、2017年には22億6900万円まで急増。2年で株価が10倍になりました。

化粧品関連会社の株価高騰は数多くの事例があるものの、付随品でもあるボトルメーカーの竹本容器は、株価に反映されていません。

2017年12月期の業績は売上高142億、純利益9億5000万円と順調なのですが、

次期２０１８年度は増収減益の計画です。そのため、今すぐ投資するべきではないのですが、半年先を見据えていくと、投資チャンスがあると感じております。

その根拠が「中期経営計画」です。中期経営計画についての解説は後述（１６８ページから）になりますが、**中期経営計画（略して中計）は決算短信資料と違い、中期。主に3か年計画で業績予想を掲げる資料**になります。

中計を確認すると、２０１８年度の純利益は９億９０００万円と予想されており、２０１７年度に対して減少しています。

ですが、２０１９年度は10億円、２０２０年度は11億７５００万円と増加に転じています。また、２０１８年度から２０１９年度。さらには２０２０年度にかけて、利益の増加率が10％、20％と加速していることがわかります。

続いて、２０１８年度減益予想になった要因ですが、インド工場と岡山工場の増設による費用が重なったためということがわかりました。

でも、この設備投資は工場完成以降、売上高の増加に繋がります。それが実際、２０１９年度以降の業績に加算されています。

２０１８年度は減益予想のため、投資対象にならないと判断しがちではありますが、**中期経営計画をチェックしていくと、その後の成長が加速していくようなプラン**となっているのです。

竹本容器（4248）の中期経営計画

	2018	2019	2020
	百万円	百万円	百万円
売上高	14,722	15,621	17,051
営業利益	1,339	1,472	1,706
売上高 営業利益率	9.1%	9.4%	10.0%
経常利益	1,338	1,476	1,711
当期純利益	909	1,000	1,175
減価償却費	1,212	1,554	1,656
設備投資額	3,516	2,950	1,871
（うち 金型）			648
EBITDA			3,362

2018年度は減益予想だったが、
2019年度以降は成長が加速

決算短信発表直後は２５００円台だった株価も、執筆時点では３５００円台まで回復しています。中長期投資の場合、このタイミングでの買いは安値圏だと思いますし、まだ注目されていない同社がスポットライトを浴び始めたら、株価も一気に上がる可能性もありますね。

配当性向のコミットは、業績への自信の表れだ!

アベノミクス以降、好業績を背景に上場企業の配当金総額は増加を続けており、2017年度は過去最高の12・8兆円となりそうです。

一方で、日本の上場企業の配当性向は欧米と比べて低いことも有名です。米国株式の配当性向平均は約39%、欧州は62%に対して日本は31%となっており、欧州株の半分しかありません。また、配当金総額については前述した通り増加を続けるも、配当性向の割合は過去5年ほぼ横ばいで推移しているという現状があります。

企業が利益を上げることは株主にとっても、日本にとっても嬉しいことではありますが、配当性向の比率についても世界基準を目指して欲しいところです。

このように日本株は配当性向が低いのですが、それを企業側も理解しており、**配当性向を引き上げる企業や配当金の下限を設定する会社も見かけるように**なりました。

2017年2月10日、中小企業向けに電話機やOA機器などの通信商材やLED照明販売。個人向けにネット回線事業をしている**エフティグループ(2763)**が大幅な配当方針の転換を発表しました。

それまでは「内部留保を確保しつつも安定した配当を継続的に実施することを基本方針にする」といった曖昧な表現だったものが「当期純利益に対する配当性向50％」へと、具体的な目標を掲げたのです。

配当方針変更の理由としては、中長期的に収益貢献が期待できるストック型ビジネスが拡充したこと。また、その収益が順調に積み上がってきたことから、株主の利益還元強化ができるようになったのです。

この発表以前の株価は８００円以下でしたが、約１年半後。執筆時点での株価は１５３２円まで上昇しています。

２０１９年度の配当金予想は47円ですが、配当性向を打ち出した直後に株を買っていたら、簿価利回り（株式取得時点での株価で利回りを計算すること）は約５・９％にもなっています。

増配も要注目なのですが、配当性向の引き上げ発表は、さらに注目です。

理由の一つは、増配というのは1年限りの決定である一方、**配当性向の引き上げはより長期で配当金が増えることを約束させる決定**であること。

もう一つは、配当性向を決める会社は、裏を返せば、収益力に自信ありという証拠でもあるからです。

また、配当金の最低金額を打ち出す会社も、配当性向の引き上げと同じく収益の安定性が高いというシグナルを発しています。

配当金の下限を設定した会社は目を離すな

やや古い事例ではありますが、鉄スクラップ等の廃材や廃車を収集、リサイクルする**エンビプロ・ホールディングス（5698）**は2015年5月、配当性向の発表と同時に、配当金の最低額についても発表しました。

配当方針を従来の安定継続という内容から、配当性向20～30％へと明言。さらに、1株利益が20円を下回った場合でも、20円の安定配当を維持する方針へと変更されました。

つまり、**会社が儲かれば受け取れる配当金が際限なく増加する一方、たとえ儲からなかったとしても、20円は支払うという好条件を提案**したのです（その後、2018年1月に1株を2株とする株式分割を実施）。

このIRを発表したタイミングでの株価は300円程度。その後もしばらくは株価の急騰もなかったのですが、**配当金の下限を設定したことで、株価の大幅な下落もなく、低リスクで保有できたようにも感じます。**

変化が起こったのは2017年後半。鉄スクラップ相場の上昇により売上高が大幅増加。さらに株式分割や株主優待の新設といった好材料が複数発表されたことにより、株価は一時1200円台まで上がりました。

配当性向をコミットしている上場企業は、業績への自信の表れと認識し、ポジティブに捉えるようにしましょう。

高配当株は、権利確定「後」に購入して、半年間キープ

最後に、高配当株の半年保有戦略について解説いたします。配当金は株を保有したら、すぐにもらえるわけではありません。配当確定日に株を所有していることが条件となります。

上場企業の大半は年2回。決算月と中間決算月が配当金を受け取る確定月となります。権利確定日に株式を保有することで配当金が貰えますが、権利が確定した翌日（権利落ち日と言います）以降は株価が下がりやすい傾向となります。

企業成長よりも配当金を目当てにした投資家が、配当金を獲得した後すぐに売ってしまうためですが、ここにチャンスがあります。

権利落ち日以降に売った投資家は半年後、再び購入してくるため、権利落ち後に買い、半年間保有することで、比較的簡単に売却益を得ることができます。

半年間持ち続けるだけというシンプルな戦略ながら、ほぼ確実に得られる配当金と株主優待。（株主優待とは、配当金とは別に、企業が株主に対して自社商品や優待券、金券などの物

品を、保有株数に応じて贈呈する制度のこと。すべての上場企業が実施しているわけではないのですが、株主優待の利回りを含めた総合利回りで見ていくと、お得度はやや高くなります。）

配当性向および配当利回りの高い会社は、配当権利確定に向けて株価が上がる傾向が特に高くなるため、利益を得やすいでしょう。

配当性向が引き上げられた銘柄を探す場合、「配当性向　引き上げ」で検索してください。ニュース等で採り上げられているケースが多く、株価にも反映されやすい好材料です。

¥ 長期保有を目指すなら中期経営計画を手に入れよう

5章では、半年保有することで利益を得るためのノウハウをここまで紹介いたしました。情報量や伝達スピードが昔に比べて格段に早くなった現代では、長期保有、長期投資よりも、より短期間で結果を出すためのノウハウが重要とされる時代の流れ、風潮があります。

特に個人投資家は、経済の先読みや投資に関する情報収集についても時間が限られているため、短期で結果を出すことに意識が優先されますが、コンスタントに結果を出すのは非常に難しいでしょう。

もちろん市況が良いタイミングであれば、結果は出やすいですが、そういった期間は年間を通しても少ないです。

どうしても株価が市況に左右されやすくなりますし、下落方向に動いた場合、損が拡大していくと、投資から気持ちが離れていってしまいます。そうなると、次の上昇局面に乗り遅れて、買いチャンスを逃してしまいます。

なので、短期売買よりも、まずは半年保有を心がけていきましょう。半年保有すると決めることで、無駄な売買を控えることができます。

そして、その株が本当に買う価値がある企業なのか？　という資産形成にとって最も大事な本質に気づくことができるのです。

私は、長期投資、長期保有こそが投資の醍醐味、真骨頂だと結論しています。

短期的な売買の場合、リターンはせいぜい10％から、高くても30％程度ではないでしょうか。投資元本を2倍にしようと思ったら、10回近く売買を繰り返すことに加えて、その都度、新しい会社を見つけてくる必要があります。

乗り換えて売買したすべてがプラスとなる保証はどこにもありませんし、新しく売買する企業を見つけてくる労力そのものが無駄に感じます。

株価5倍はそこまで難しくない

それならば、一つの有望株を持ち続けたほうが、よっぽど効率的ではないでしょうか？半年保有すれば、株価2倍も射程圏内です。それ以上の株価上昇率になってくものもありますが、3年間という長期スパンで保有すれば、株価5倍も十分狙えます。

事実、私も多くの5倍株を掴んできましたので、株価5倍は根拠のない数字ではありません。3章、81ページで紹介したアイ・アールジャパンHD（6035）は3年経たずに株価5倍になりました。

株価が上がり切ったタイミングで次の有望株を買い、その株も5倍になったら、元本は25倍にまで跳ね上がります。

$$5 \times 5 = 25$$

単純な計算式ではありますが、仮に100万円投資した場合、6年後には2500万円になるのです。

半年保有できれば、1年保有することができるようになります。1年保有できれば3年保有も比較的簡単でしょう。企業価値が増えている会社は、それに比例して株価も上昇します。また、時間の力を借りることで、市況の影響も軽減できるからです。

では、3年間保有を続けるためには、どうすればいいのか？　**その答えが「中期経営計画」**です。

中期経営計画は企業の「未来地図」

中期経営計画とは、四半期ごとに発表される決算短信や有価証券報告書とは別にある、中期的な期間（主に3年）で業績拡大プランや具体的な数値目標を掲げている資料になります。

中期経営計画（略して中計とも言われます）は決算書類のように、作成する義務やルールは存在していません。そのため、全部の上場企業が開示しておらず、ごく一部の上場企業だけが発表しています。

しかしながら、この資料を作成し、開示している企業というのは

- **業績拡大に前向きな会社である**
- **成長していくため、多くの投資家に注目して欲しい**

もっと露骨に言ってしまえば**「わが社の企業価値はもっと大きい。株価が低く評価され**

ているため、もっと株を買ってくれ」ということを、口には出さないが、暗に示している。メッセージとして伝えている資料だとも感じるのです。

実際、この中期経営計画を開示して、目標を達成できなかった場合、機関投資家から否定的な意見が増えるでしょうし、株主総会でも叩かれることは必然です。

中には経営責任を問われることだってあるはずです。諸刃の剣でもある中期経営計画をわざわざ発表するということは、成長プランに裏付けがあるか、達成に自信があるからではないでしょうか。

中期経営計画という資料は昔からあったものではありません。最近見かけるようになったキーワードです。東洋経済新報社が3か月ごとに発売する、上場企業のデータが詰まった書籍、会社四季報。この最新号を調べたところ、中期経営計画あるいは中計というコメントが記載された会社が約150社ありました。

上場企業約3600社のうち、4%程度と非常に少ない割合ではありますが、中期経営計画は3年間という中期間で業績予想を開示しています。

【中計】で大化け株候補のスクリーニング

図は148ページでも掲載したPR TIMESの中期経営計画です。

営業利益の数値目標になりますが、2017年度実績は3億7500万円となっていま

ＰＲ　ＴＩＭＥＳの決算説明会者資料

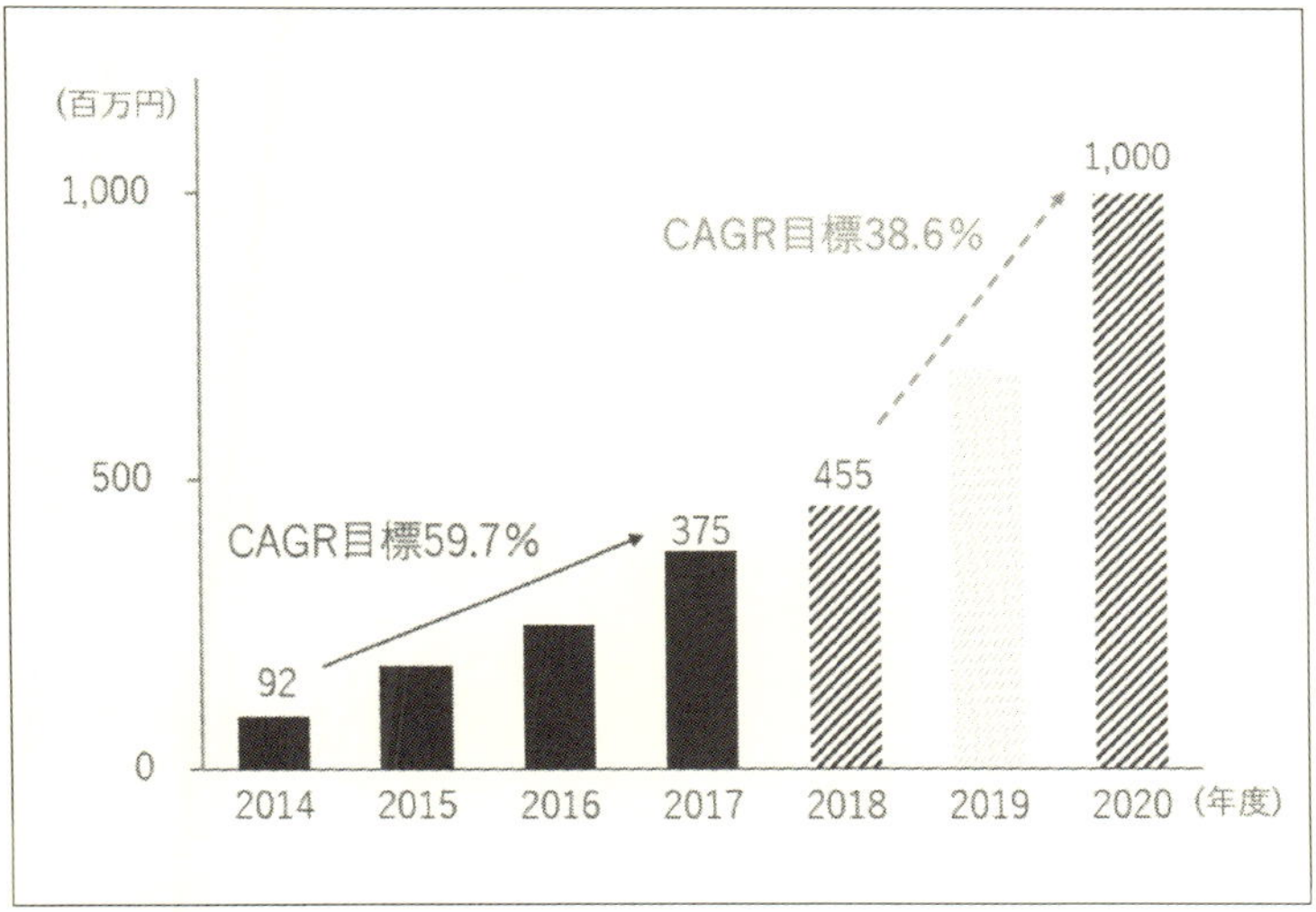

す。しかし、３年で営業利益を約３倍の10億円にまで引き上げようとする計画を掲げているのです。

図に書かれてあるＣＡＧＲとは、３年間の平均成長率のことです。直近の成長率は59・７%でしたが、今後３年間は38・６%となっています。

もし、２０１８年以降も２０１５〜２０１７年直近並みの60%近い成長が続いた場合、営業利益は15億３６００万円にまで拡大するのです。

これはあくまで理想論ではありますが、直近の急成長率と比較した場合、38・６%の数値目標は控えめでもあると推測できます。

また同社は、前述した株価が大きく上昇する条件のうち、「時価総額が小さい小型株」「上方修正が期待できる」などの好材料が多くあります。ここから3年で株価5倍も夢ではありません。**中期経営計画は、3年で株価5倍になる有望株を先回りして見つけるための、重要アイテム**なのです。

逆に、株価低迷時には、

運用方針を再確認するためのツール

にもなります。

市況が悪化している時は暗いムードになり、投資の意欲も薄れますが、そんな時でも明るい光を照らす松明《たいまつ》としても役割を果たしてくれるでしょう。

中期経営計画は、3章でお伝えしたインフラファンドと並んで、あまり知られていないですが、今後ますます知名度も上がり、存在感も大きくなっていくでしょう。

第7章

暴落を爆益に変える
底値買いの必勝ルール

¥ 成功を掴んだきっかけは暴落にあった

ここまで、たくさんの成功事例や有望株の紹介をしてきました。

今でこそ、株式投資の成功者という存在になっておりますが、最初から成功し続けてきたわけではありません。

私が株式投資を始めたのは２０００年12月です。今から20年近く前になります。株を始める前は、郵便局の定期預金が唯一の資産運用先でした。子供の頃は金利が５～６％もあり、５万円の定期預金を引き出せば2、3万は利子がついてくる。１００万円を10年預ければ50万の利息がついてきた時代だったのです。

子供ながらに利息の素晴らしさ。勝手にお金が増えていくという感動を覚えたのも、定期預金がきっかけです。

しかし、時代は変わりました。今や普通預金も定期預金も雀の涙ほどの利息しかありません。預金金利は1％なんて夢のまた夢という世界になりました。

これでは、子供のころに味わった、お金が増えていくというあの感動は微塵も感じられませんでした。

ノーリスクでお金は増えない

お金を預けても、家に置いておいても一緒。そんな気持ちでした。それならば、お金を積極的に増やすべく、株を始めようと決めたのが、株式投資との出会いでした。

最初は緊張や不安もありました。お金が増えるという経験は何度もしてきた私ですが「お金が減る」という経験は一度もなかったからです。

でも、ここで忘れてはいけないことがあります。

減ることを恐れて何もしなければ、いつまでたってもお金を運用することはできません。未だに、お金を減るのが嫌ということで投資をやらない人が多いですが、これは大きな間違いです。

何かしらリスクを背負ってこそ、

初めてリターンを得ることができる

それが正直な意見です。

初めて株式投資で買った株は2000年12月、ブリヂストンタイヤの株をミニ株で100株（11万円ぐらい）買ったのが最初でした。

当時、ブリヂストンタイヤの単位株数は1000株でした。100万円以上の余裕資金はあるわけないため、10分の1の単位で買いました。

幸いにも1万円ほどプラスで売却できたのですが、翌年に911テロが発生。株価は大きく下落し、2003年まで低迷を続けました。

この年に小泉内閣が発足。日経平均株価の上昇とともに資産も増加しましたが、2006年1月。ライブドアショックにより2日で100万円以上もの損失となりました。その後も、2009年のリーマンショックまで株式資産は低迷を続けます。

株を初めて10年くらいは、資産はそこまで増加せず、一進一退という状況でした。自分の実力で資産を大きくし続けるというよりも、相場の変動と同じように、勝ち負けを繰り返していたのです。

そんな状況でしたが、株は元々好きなので、相場の流れを観察したり、個別株の分析には余念がありませんでした。リーマンショック時に印象に残った出来事が、コマツ（6301）の株価推移です。

2007年、サブプライムローンが大事に発展する前のコマツの株価は4000円台でした。それがリーマンショック時には、何と700円台まで急落したのです。下落率、何と82％！　**日経平均採用銘柄であっても、当時は投げ売り**されていました。

企業価値の割安度を図るＰＥＲという指標があります。株価を一株利益で割ることで、倍率が計算できます。割安の目安は相場や業種により変化するのですが、10倍以下であれば、激安というラインです。

ですが、リーマンショック時のコマツのＰＥＲは何と3倍。激安どころか、千載一遇の買いチャンスだったわけです。しかし、当時の私はコマツを買うことができませんでした。

やっと気付いた「負ける投資」の法則

この時の投資ムードは例えようにないくらい最悪で、儲けるチャンスという意識よりも恐怖心理のほうが大きかったのです。「まだまだ下がるのではないか？」「株価５００円以下も考えられる」「景気回復は当分先で、どうなるかわからない」という、マイナス材料が優先されてしまい、買うことができませんでした…。

日経平均株価も７０００円台まで下がっていましたが、「５０００円まで下がる」「３０００円まで下がる」と発言する人もいました。中には１９２９年に発生した世界恐慌時のＮＹダウを例に持ち出して、日経平均株価は10分の1になるという発言をした人もいました。

私は、こういった話を自分の読みや信念よりも優先してしまい、傍観者となっていたのです。

その後、コマツの株価は、2年ちょっとで2000円台後半まで回復。株価4倍になった絶好の機会を逃してしまったのです。結局、**恐怖や楽観といった、感情売買では絶対勝てない**という教訓を10年かけて学んだわけです。

絶望の中で生まれた希望の「仮説」

ライブドアショックとリーマンショック、2つの痛い経験をしたわけですが、この時、私はある仮説を立てました。それは、**日経平均株価が1日で1000円以上暴落するようなタイミングこそ、有望株がバーゲンプライスで買える最良の時**ではないかと。

メディアが

> 日本経済はお終いだ！　株価が暴落しています

と大声で叫んでいる瞬間こそ、最高の買いチャンスではないかと、おぼろげながら気づいたのです。仮説を実証する瞬間が訪れたのが、2011年3月東日本大震災です。地震は11日に起こりましたが、相場が終了する間際だったため、大きな下落はありませんでした。土日を挟み、14日の日経平均株価は前日比633円安の9620円。15日は1015円安の8605円まで下がりました。

この局面で私は300万円以上を新規購入に充《あ》てました。当時の運用資産はそこまで大きくなかったため、かなり大胆な買いでした。仮説が当たる確証も全くないなかで動いたため、買い注文をクリックする指が震えていたのを今でも記憶しています。

この2日間で買った銘柄のうち、最も成功したのが96ページでも取り上げましたアークランドサービスHD（3085）です。このタイミングで同社のPERは6倍台、利益成長率は前年比20％ほどあったため、企業価値という側面から判断して、相当割安でした。

相場が「感情∨理性」のときは大チャンス

人は通常時であれば、恐怖や楽観といった感情よりも理性が優先されます。そのため、株価も大きなギャップが生じませんし、間違った価格形成も起きにくい状況です。

しかし、感情が理性よりも優先された時は、企業価値を全く反映しない株価まで急落する。あるいは急騰していくのです。

投資家の感情と理性及び投資判断基準

①感情　＜　理性
株価の値付けミス少なく、チャンスが起きにくい状況

②楽観的な感情　＞　理性
株価が高騰しやすい。売りの判断を

③悲観的な感情　＞　理性
企業価値に関係なく株価が極端に下がる。積極的に買い

この局面では、ほとんどの投資家は地震や原発という悪材料から逃げたい一心で、長期的な価値に見向きもしていませんでした。**多くの人が恐怖の感情に支配され、理性を超えた動きをした時こそ、最高の買い場**になるのです。

図のように「感情＞理性」という局面が来る時まで、じっくり待つようにしてください。そして、悲観ムードの時は積極的な買い、楽観ムードの時は利確をしていきましょう。

最近の事例で言えば、2017年後半ですね。日経平均株価が8月以前の19000円台から3か月で23000円まで上昇。それと同時に「日経平均株価は3万円を目指す」といった明るい相場予測が世間を騒がせました。振り返ってみると、かなり楽観的だったと言えます。

株は才能不要でも、感情に支配されたら勝てない

「仮説はどうやら当たっている」ということを感じた私は、その後も急落時に大きく売られた株の中から、好業績の会社。あるいは成長している企業に狙いを絞って株を買い続けました。

2011年は日経平均株価が17%以上も下げた年度でしたが、同時に割安な株もゴロゴロあったため、3月以降も恐る恐る少額購入していきます。2012年以降もコツコツと新規で株式を購入したり、すでに保有している株の買い増しなどをしていきます。

アベノミクスが始まった2013年以降は、相場全体の株価上昇とともに2012年以前に買って保有を継続してきた株の株価が大きく上昇していきます。また、アベノミクス期間中も一時的な急落が発生した2015年8月のチャイナショックでも、高配当株中心に大量購入しました。

割安な有望株の購入継続、および一時的な株価急落時には大量買いをするという戦略を東日本大震災以降続けた結果、2017年には株式資産で1億円を超えるまでになりました。

株式投資で成功するための黄金法則、方程式はありませんが、これだなと唯一感じる式が**継続＋情熱**です。情熱は好きとか好奇心と似ていますが、興味があれば、どんな時で

も株と関わっていくことができます。継続は株に関わらず、どの分野でも上達するための共通項です。

さらに、成功から大成功へとステップアップするためには、**継続と情熱に加えて、チャレンジを取り入れる**ようにしてください。

チャレンジはリスクと似ていますが、リスクを取り過ぎると破産にも繋がる危険性があります。そのため、チャレンジと呼びました。投資リターンを上げるため、今までにない投資先や投資法を取り入れていくことを意味します。

チャレンジこそ、投資家のステージを上げるための原点だと思います。

話を投資ヒストリーに戻します。株を初めて10年間、保有資産は一向に増えず一進一退という状況でしたが、２０１１年を境に順調拡大へと一変します。

その転換点、ターニングポイントとなったのが、**株価ではなく、企業価値を投資判断の柱にするという鉄則**です。

企業価値とは、上場企業が今まで生み出してきた利益と、将来生み出す利益を合計したものです。それまでの私は、理性と感情という2つの判断軸が状況によりコロコロ変わっていました。

株価が好調時であれば理性で判断をするのですが、急落時には感情が優先され、大きく株価が下がったタイミングで投げ売りをしていたのです。

小さく勝ち、大きく負ける。という繰り返しでしたが、そうなった根底には、お金を失うという恐怖があったのです。お金を失うという感覚は、人であれば共通の恐怖です。完全に克服することはできませんが、**「企業価値」と「急落した株価」、この2つを天秤にかけて、「企業価値のほうが重い、重要だ」と判断できたら、最高の買いチャンス**となります。

株をする誰もが「日経平均株価」を投資判断の基準としています。影響度も並外れた大きさがある、最もメジャーな判断指標なのですが、理性を常に保ち、冷静さを失わないようにしてください。

株価急落というバーゲンセール

特に、暴落というタイミングでは、みんながパニックになります。損したくないという感情が最優先され、いち早く換金売りしたいという衝動に駆られ、突き動かされます。

また、株価の下落が続くと、不安という感情も生まれてきます。不安は恐怖よりも弱い感情ではありますが、動けなくなってしまう性質があります。

パニックの最中が一番不安や恐怖という感情に支配されやすい時ですが、感情に流された時が一番危険なタイミングなのです。「どんなに損をしても株を売りたくなる」間違った行動を最も起こしやすい瞬間なのです。

株価急落は醒めない悪夢ではなく、次の急騰株を割安な株価で大量買いできるバーゲン

セールなのです。同時に、あなたの成功が始まる瞬間でもあります。

理性を常に忘れず、暴落時の買いを実現するためには、有望株を最低半年保有することが条件です。混乱は時間とともに終息し、投資家は冷静さを取り戻します。理性を判断軸にする投資が感情売買を追いやっていくため、下げ過ぎた株価は元通りになります。だからこそ、暴落時や急落の局面での買いが成功します。

必ず儲かるとお約束はできませんが、近年起こっている相場の急落は半年以内に全て復活してきました。

¥ 成長株を瞬時に見抜く5つのポイントまとめ

現在保有している株式数は50以上ありますし、過去に保有してきた銘柄を含めると、それ以上になります。大きく株価を伸ばして、資産増加に貢献してくれた株式もありますし、逆にマイナスで終わった株。泣く泣く損切りした株もありました。

一つ一つの売買を振り返り、勝利の要因。あるいは失敗となった原因を探っていきました。投資で損失すると、数十万円単位となるため、一つでも少ないほうが良いです。自分の貴重な財産でもあるお金ですから、なおさら損はしたくありません。

投資対象を色んな角度や視点から分析を続けてきましたが、**株価が5倍、10倍となる株はほぼ成長株**です。

成長株を見つけるのはカンタン

成長株とは、文字通り企業成長を続けている会社のことで、売上高や利益の伸び率が高い企業のことを指します。前年比何%以上という明確な基準や定義はないのですが、伸び率が高いほど株価も高い傾向があります。

年間10%成長を続けている会社の場合、売上高や利益が2倍になるには8年かかります。一方、年間20%で成長している場合、2倍になるまでの期間は4年となります。そのため、成長率がより高い会社に人気が集まるのです。

売上が伸びている株は投資関連のニュースでも目立つため、見つけるのは比較的簡単です。過去の業績については、会社四季報や証券会社の口座から検索すれば、すぐチェックできます。

今期の業績予想については、会社ホームページ、IR情報や決算短信からチェックすることができます。

少しでも伸び率の高い上場企業を探そうと、端から順番に調べるのは大変です。限られ

た希少な時間を有効活用するためにも、これまで採り上げたテーマ、

①市場規模が広がる業種・業界
②新業態
③新市場の開拓
④都心部あるいは地方で躍進する会社
⑤中期経営計画

などから選んでみるようにしましょう。先にテーマを選ぶことで機動的に成長株を見つけられるようになります。

さらに、成長株の中から、小型株（時価総額の小さい株のこと）を選ぶようにしてください。3章で採り上げたものですね。

その理由については、前述した通りなのですが、それ以外にも、実証で得られた裏付けもあります。

¥ 小型株の株価上昇率はもっとも高い

ファーマ・フレンチの3ファクターモデルという数式があります。米国市場では、1930年代以降、小型株のリターンが大型株を上回るということが1980年代に入り、報告されるようになりました。

1993年にユージン・ファーマとケネス・フレンチにより発表された理論なのですが、提案者の一人であるユージン・ファーマはこの研究も含めた経済学の貢献により2013年ノーベル経済学賞を受賞しています。

なぜ、小型株のリターンが大型株を上回るのか？　についての明確な理由はわかっていないのですが、小型株は大型株よりもリスクが高いため、株価リターンも高い。投資家の過剰反応によるミスプライシングが起因しているなどの説があります。

この理論は専門的な内容もあるため、すべて理解する必要はないのですが、**小型株のリターンが大型株を上回るという実証結果がある**ということを覚えていただければと思います。これは米国株についてですが、日本株についても、同じことが言えるでしょう。

¥ 高配当株で重要な3つの点 まとめ

次に高配当株です。こちらは成長株のように株価5倍、10倍という結果は難しいです。しかしながら、**高配当株は株価下落に強いという特性**があります。

成長株の場合、成長がいったんストップしたり、減少に転じてしまうと、株価が大きく下がります。企業成長を前提にした投資家や、株価の勢いに乗る短期志向なトレーダーなどの参加者が多くいるためです。

成長の伸び率が高ければ高いほど、株価も連動して上げ基調となりますが、一転して成長率が下がると株価は急落します。期待が高い分、株価も高めなので、失望された時、一気に見切り売りされてしまうのです。

あなたのポートフォリオを成長株だけで持っておくと、良いシナリオに事が運んだ場合の儲けも凄い一方、逆方向になった場合の損失拡大スピードも尋常ではありません。

平均寿命の伸びとともに、退職後の資産形成、資産維持がますます重要となってくることを考えると、**ハイリスク・ハイリターンでもある成長株に集中投資するのは危険**です。

株価下落時でも株価の安定度が高く、なおかつ下落時に買い増しをすることで、受取配当金も増加する。

リスク商品である株式投資の中でも、比較的株価下落リスクの低い高配当株を一定割合で保有しておくことは、長い人生を生きぬくためにも、必要な選択肢ではないでしょうか。

高配当株は毎年定期的に入っている配当金が買いを支える役割も果たしています。

①増配を続けている会社

②インフラファンド

③配当性向にコミット

など、配当利回りが高い株を見つける、選ぶ条件については5章に書きました。書籍で採り上げた株を保有してもいいですし、自分なりのお宝株を見つけてみてもいいでしょう。

実際、私の投資ウエイトも成長株と高配当株、半分ずつ投資しています。私の場合、会社経営という肩書ではありますが、事業が景気に左右されやすいです。まして、投資関係の仕事をしているため、株価や景気が悪化すると、事業も一気に悪い方向へ動きます。

事業そのものが高リスクとも言えますが、さらに投資先を高リスク一本にしてしまったら、最悪の結果が待っている可能性もあるのです。そのため、高配当株も着実な資産形成の手段として、成長株と同じくらいの割合で保有しています。

¥ 副業投資こそ最強といえる理由

サラリーマンや公務員など、毎年安定した収入を得られる人は経営者や自営業者と違い収入が大きく変動することはありません。給料は固定収入とも例えられるほど毎月きちんともらえます。

給料の一部で株式を買いながら、さらにタイミングを上手く掴めば、投資のプロにも負けないリターンを上げることもできます。**「サラリーマンプラス投資家」二足のわらじが株式投資で最高の結果を出すための、組み合わせ**です。

最近、時短《じたん》という言葉を耳にしたり、見かけるようになりました。時短とは、時間を短縮することなのですが、株式投資活動においても、便利なツールや情報収集源が増えています。自分に合った情報収集法を見つけたり、信頼できる人の話を参考に、投資の生産性を上げていきましょう。

富裕層と呼ばれるお金持ちや資産家ほど投資に熱心だと感じます。

その理由ですが、働いて得られるお金。いわゆる年収には上限がある一方で、投資による収入には上限がありません。また、年収は上がれば上がるほど累進課税により支払う税金も増え続けます。最高で所得税45％、住民税10％で合計55％にもなります。所得の半分以上が税金として持っていかれてしまうのです。

片や、株式投資で得られる売却益や配当金にかかる税率は、金額に関係なく一律20％です。自分の所得や資産が増えれば増えるほど、どちらに力を入れるかは一目瞭然ですね。

投資をするなら節税口座を賢く利用

前著「60歳からの10万円で始める高配当株投資術」（あさ出版）では、預金口座と同じように証券口座を持とう、という提案をさせていただきました。

銀行口座は誰もが一つ、あるいは複数の銀行で口座を持っていると思います。

一方、証券会社で口座を開設している人は、ほとんどいません。貯蓄から投資へという政府のスローガンも空しく、証券口座の普及率は非常に低いままです。

一般層の投資意識を改革させようと、２０１４年にはＮＩＳＡが誕生しました。ＮＩＳＡは保有株に対する売却益や配当金に係る税金が一定額で非課税扱いになる証券口座です。当初の非課税枠は年間１００万円でしたが、２０１６年には１２０万円へと拡大、また、2018年からは積み立て型NISAと呼ばれる、新しいタイプのNISAが始まりました。積み立て型NISAは年間の非課税枠が40万円となる一方、20年間継続できます。

NISA、iDeCoをサクッと理解

現行型NISAは投資期間が5年しかないため、非課税枠が最大600万円しかないのですが、積み立て型NISAでは800万円となったのです。単純に比較すると積み立て型NISAのほうに分があるわけです。

さらに複利効果を考えると、5年より20年のほうが圧倒的に有利です。(複利効果とは、運用で得た収益や配当金を再投資することで得られるリターンのことです。)

2014年にスタートした現行型NISAで5年間、年率3%で運用した場合、5年後の資産は642万円。プラス42万円です。同じ年率3%でも積み立て型NISAだと20年運用できます。すると、20年後の資産は980万円になりました。プラス180万円まで拡大します。

年率6%で計算すると、この差はさらに広がります。現行型NISAは696万円にしかならない一方、積み立て型NISAは1440万円になりました。800万円が約1・8倍になるのです。選ぶなら、断然積み立て型NISAです。

その他、2017年からiDeCo(イデコ　個人型確定拠出年金)もスタートしました。

【NISA、IDeCoの主な特徴について】

種類	NISA	ジュニアNISA	積み立て型NISA	iDeCo
利用できる年齢	20歳以上	0～19歳まで	20歳以上	60歳未満
非課税投資枠	年間120万円	年間80万円	年間40万円	☆公務員・確定拠出年金に加入している会社員 月1万2000円 ☆企業型確定拠出年金に加入している会社員 月2万円 ☆企業年金がない会社員・専業主婦・主夫 月2万3000円 ☆自営業者 月6万8000円
対象商品	株式・投資信託など	株式・投資信託など	金融庁が定めた投資信託・ETF	定期預金・保険・投資信託
投資方法	随時可能	随時可能	積み立て方式	積み立て方式

従来の確定拠出年金と違い、公務員や企業年金に加入している会社員、専業主婦（国民年金第3号加入者）など、ほぼすべての成人が加入できるようになりました。

iDeCoは毎月決まった金額を60歳まで積み立てながら、なおかつ所得税・住民税が軽減されるなど、ふるさと納税と並ぶ節税効果もある制度です。

積み立て型NISAとiDeCoは、サラリーマンであればぜひともトライして欲しい制度なのですが、個別株投資ができないというデメリットがあります。

一部の投資信託を通して個別株を間接的に保有するという解釈もできますが、数多くの投資先に分散投資しているため、大幅な超過リターンは望めそうにありません。

先ほど、積み立て型NISAで年率6％。20年運用した場合の試算結果を書きましたが、そこまでの結果は難しいかなと感じます。基本的に投資信託は大儲けを目的に運用する金融商品ではありません。

一方、個別株に投資した場合、20年で1・8倍どころか、それ以上の結果を出せる可能性が高いでしょう。株価が5倍になる株を掴む機会も生まれます。大儲けの可能性が高まるでしょう。

そのため、株式を自由に売買できる証券口座を作るようにしましょう。自分が運用責任者である証券口座を持つことで、激しく動く株式相場でも、チャンスをとらえて素早く行動できます。

¥ 次のブレイク株は「内需株」で見つける！

本書では、内需成長株の魅力について紹介してきました。「国内の株なんて、海外の成長株に比べたら、投資対象にならない」とお考えかもしれませんが、そんなことは一切ありません。

上場企業は日本だけではなく、世界中にあります。資産運用のプロでもあるファンドマネージャーや機関投資家の場合、より高いリターンを求めて、成長性の高い国や地域。個別企業を日々探し続けています。

内需成長株よりも高成長の国や企業はたくさん見つかるため、二の次にされがちです。ですが、**ライバル不在の空白地帯こそが個人投資家にはチャンス**です。

1章でも触れた通り、世界経済を引っ張るアメリカには景気の減速。あるいは不景気入りの兆候となりそうな悪材料が見受けられます。また、国内総生産（GDP）2位の中国においても、3月以降米中貿易摩擦問題が続いており、解決の糸口すら見えてこない状況です。

関税について、日本では自動車産業への影響が最も大きくなるでしょう。8月4日の日本経済新聞によりますと、米トランプ政府が検討している自動車や関連部品の関税引き上げについてトヨタ自動車は「日本からの輸出車1台当たり平均６０００ドルの負担増になる」というコメントが記載された記事がありました。

日本の大型株、輸出関連企業は貿易摩擦問題が足を引っ張り、積極的な投資や開発を控えている経営者の話も増えてきました。

中国経済は不動産バブルなどの話も度々出ており、それが崩壊につながるという予測も定期的に見かけます。ならば、次の投資先として

真っ先に考えられるのは日本株

その中でも内需成長株が最適な投資先だと連想できます。

何も、ハイリスク投資を推奨しているわけではありません。**新たな投資先の選択肢の一つとして、内需成長株という言葉を意識**していただければと思います。

（ＮＩＳＡやｉＤｅＣｏは特定口座、一般口座と相違点がいくつもあります。制度に関する詳細は証券会社等にお問い合わせください）

第8章

はじめての人が
1年で利益を出す5つのステップ

日本の家計の預貯金合計が2017年6月に1000兆円を突破しました。しかしながら、預貯金のうち株式などのリスク商品へ投資している割合を調べてみると、わずか10%前後しかありません。

政府が貯蓄から投資へというスローガンを掲げて長いわけですが、資産の大半は増えもしない定期預金などにとどまっているようです。

でも、その一方で投資に興味はある。始めたい人も多いと感じます。

この章では、そういった投資ビギナーに向けて、**気軽に投資を始められて、なおかつ簡単に結果を出すためのステップ**をお話させていただきます。

ステップ① 投資先はカンニングで決める

投資ビギナーの人に、いきなり有望株や成長株を見つけましょうと言っても、経験がゼロの場合、なかなか難しいものがあります。そのため、一番最初は、信頼できる人を手本としてみてはいかがでしょか。

一例を挙げます。私の場合、会社の経理をすべて税理士さんにお任せしております。

領収書をまとめたり、決算の手続きもすべてやってくれるのですが、毎月6万円、決算時は別途30万円をお支払しています。年間で100万円を超える代金を払っているわけです。それを自分がやれば、そのお金が丸々浮くわけですが、私はそれをしようと思いません。その理由は、「信頼できる人に任せることで自分の時間を増やすことができる」「払った代金以上の節税効果と、さらなる節税および会社運営のアイデアをくれる」という大きなメリットがあるからです。

このメリットがお支払いしている代金以上に大きいと判断しているため、会社設立間もない頃からお願いしております。

今回、一つの例として税理士さんのお話をしましたが、株式投資においても上場企業をあなたが全て調べる必要はないのです。

本書のような投資本や投資雑誌、または信頼できそうな個人投資家のブログやSNSで**オススメの銘柄を参考にする、あるいは素直に買ってみる**という発想のほうが、投資ビギナーは早く成長できるでしょう。

なぜ、この会社を選んだのか？　結果から学んでいくことで、効率的にノウハウや経験を積むことができます。ある程度すると、次は自分で有望企業を見つける選択眼が芽生えてくるでしょう。

試験でカンニングはダメですが、株式投資ではカンニングしても全然いいのです。

¥ 自分で銘柄を選択したいときのカンタンな方法

現在、株式を売買できる上場企業は3600社以上あります。その中から、株価が大きく上昇する会社をピンポイントに見つけるのは簡単ではありません。投資のプロでも失敗しているくらいですから、投資の初心者やビギナーは悩んで当たり前です。

加えて、ほとんどの人は専業投資家ではなく、自分の仕事がある人ばかりなので、投資に割ける時間が限られています。なおさら投資先選びの視野も狭くなりやすいですが、休日や余暇時間を使って、「イオンなどのショッピングセンター」「家電量販店」巡りをしてみてください。

イオンで人気の「お店」に注目する

イオンモールには100店以上のテナントがあります。なおかつイオンに出店するためには、結構高いハードルがあります。私たちの知らないところで競争があり、それを乗り越えて出店した力のあるお店なのです。

店名を調べてみると、最近上場した勢いのある企業だったりする場合もあります。

色んなお店を見ながら、「あの店は繁盛している」「ランチタイムに行列ができている店舗はどこか」「売り切れになっている商品はどの会社か」など、気になった店舗名を覚えておきましょう。

ちょっとした気づきが、意外な結果とつながります。

家電量販店では「人気の商品」に注目

他にも有効活用できるのが家電量販店です。大型店舗が多い家電量販店もイオンモールと同じく活用できます。イオンは店舗を見るという視点ですが、家電量販店の場合は商品を見てください。

家電量販店の場合、売れ筋の商品ほど入り口あるいは玄関口の近くに並びます。そのため、以前と比べて入り口近くに新たな売り場を作った商品を細かくチェックするようにしましょう。

その商品を扱っている企業も同じく調べましょう。入り口付近にあるほど、**売れている商品だと判断できます**。

普段よく利用しているイオンや家電量販店は、見方を変えると、お宝銘柄の見本市、展示会とも言えます。

ステップ②投資額は10～100万円から始める

投資ビギナーの場合、余裕資金を一気に使い切ってしまうのは非常に危険です。まずは10～30万円から、多くても100万円までを上限としてください。

株価は年間を通して順調、あるいは上昇傾向が続くというケースはほとんどありません。横ばいが続くこともあれば、厳しい株価推移が半年にわたって継続する時もあります。勢いよく大量に資金を投入した瞬間が、今年の最高値だったという場合、大事なお金がずっと減り続けてしまいます。

せっかくスタートした株式投資の最初でズッコケてしまうと、それが自分の実力だと勘違いして、長続きしません。株式投資をすぐに辞めてしまっては、次に到来するチャンスに乗ることができなくなってしまいます。

お金が減るのを眺めているのは精神的に辛いため、下がった時でも買い増し、追加投資できるだけの余裕を持たせてのスタートで十分です。

¥ ステップ③エントリーは悩みすぎない

衝動買いもOK。正し、100株のみと決める

投資のスタートについては、相場の下落時を狙うのが最善ですが、経験がない場合は、掴むことが難しいです。そのため、これだ！　と思った銘柄は、その日に購入してもいいでしょう。

私自身も、好業績を発表した会社は、翌日の株価が大きく上昇している最中に買うこともあります。市況に関係なく決断することもしばしばです。

正し、100株だけの購入に留めてください。その理由ですが、その銘柄、あるいは購入した時の株価が正しかったかどうかは、将来にならないとわかりません。正解か不正解かは現時点で判断できないため、まずは100株だけ購入を。

購入した後、これから発表される業績の内容を確かめながら、買い増しするか損切りするかの判断をすればいいでしょう。

エントリーしてから、順調または好業績を発表している会社の株のみを買い増しして株

数を増やしていきます。逆に業績の内容が会社予想より悪い会社は買い増しを一切せず、100株のみの保有だけで終わらせます。

こうすると、利益は大きく伸ばしながらも、損失は最小限に留められるのです。

ステップ④損失最小・利益最大にする損切りと利益確定

特に含み益の利益確定はなるべく我慢

6章では半年保有の素晴らしさについて書きましたが、それでも結果の出ない会社やタイミングはもちろんあります。私の場合、2期連続で決算短信の純利益が減となった場合は、損切りという判断を下すようにしています。

それ以上我慢して増益に転じることもありますが、近年の株価変動を調べていくと、結果の出ない株は大きく売られる傾向が以前に比べて顕著になっていると感じます。一昔であれば、減益発表で5％くらいの下落だったものが、最近は10％とか下がるようなイメージです。業績発表に、よりシビアに反応しています。

一方で、好業績を発表した会社の株価上昇も凄まじいものがあります。会社によっては、その後1か月以上に渡って上昇基調が継続することもあるため、利益確定については、なるべく先に延ばして長期で持ち続けるようにしましょう。

企業成長している会社は、利益確定を焦らず、利益が伸びきるまで保有を続けてください。

1度の好業績発表により、30％のリターンを得たとしても、その株をさらに持ち続けたら株価が5倍、10倍になっていた。そうなったら悔やんでも悔やみきれません。始めてみると実感できると思いますが、「儲けそこなった」という後悔は、「損した後悔」と同じように、結構引きずります。

付け加えて、長期保有で大切なのが、市況の悪化と企業の業績悪化を混同しないこと。株式市場全体のムード悪化を、好業績企業の成長がストップしたと勘違いしないよう注意しましょう。有望株を持ち続ける握力が大化け株を掴む大事な要素です。

¥ ステップ⑤もっともトクする株のポートフォリオ

投資ビギナーは分散投資から

投資で大きな財を築いた大物投資家は、集中投資した銘柄が大化けして億越え投資家となった事例が多いようです。

同じように集中投資すれば、大きな果実となる可能性ももちろんあるわけですが、大物投資家は事前に銘柄選びの活動を十分やった上で、この株に投資すると決断したことを忘れてはいけません。

事前の入念な調査をせずに集中投資をしてしまうと、思惑と逆に株価が動いた場合、多額の損失となってしまいます。失敗を何回か繰り返した結果、最終的に資金の大半を失ってしまった…ということがないよう、ポートフォリオをキッチリ組みましょう。

投資ビギナーは必ず分散投資から実践してください。

経験値が不足していると、株価が上昇している、あるいは下落している根本的な原因がイマイチわかりません。

投資を続ける上での不安や恐怖が経験者と比較して大きいため、集中投資は非常に危険です。

最低5つ。資金に余裕あれば10銘柄

程度に分けておくべきです。

株価が上がっているタイミングであれば、集中投資でも結果はでますが、大事なのは下落時でも投資を続けられるか、です。

あなたの大事な資産を1社や3社に集中投資して、信じ続けられるか？　命の次に大事なお金を託していられるか？　これが、下落基調の時には本当に難しいですし、集中投資はなおさら厳しいのです。

仮に分散投資であれば、5社のうち3社売っても2社残ります。2社の監視を続けながら、市況が回復したタイミングを見計らって再度チャレンジすればいいのです。

また、株式への投資ウエイトも、高くて5割程度にしておきましょう。資産の全てを株式などで保有してしまうと、日々の株価変動の影響が大きくなりすぎて、私生活にも悪影響が出てしまいます。

¥ 厳選5つ！　本当は教えたくない私の推奨銘柄

2154 トラスト・テック

知りうる限り（150社以上）の中期経営計画を確認しましたが、成長率が高い中計を発表している会社は人手不足をテーマとした会社が多いです。人材派遣関連の中でも、ひときわ輝くすごい会社がトラストテック（2154）

同社は製造系の技術者派遣が主力。派遣先は自動車機械、電気電子、家電メーカーなど幅広く、前中期経営計画（2015～2018年）の成長率は売上高で年率46%、営業利益39%と、驚くべき成長率でした。2019年も中期経営計画と同じ成長率を維持しているため株価の持続的な上昇基調が続くと予想しています。

3417 大木ヘルスケアホールディングス

一般用医薬品3大卸の一角である大木ヘルスケアHDですが、2018年から急激に業績を伸ばしています。

主要得意先でもあるドラッグストアの競争が激化、新規出店ペースが加速しています。

それに伴い、同社にも特需が発生しています。２０１８年度の利益は前年比で約3倍増の23億１３００万円でしたが、２０１９年度も3割増のペースで業績を伸ばしております。その一方で割安度の指標となるＰＥＲは執筆時点で10倍台と非常に割安。

株価の上昇余地はまだまだ大きいと感じております。

3182 オイシックス・ラ・大地

主にインターネットを通して有機・特別栽培野菜、食品添加物を使わない加工食品などを宅配で販売している同社ですが、健康志向の高まりや共働き世帯の増加とともに注目度が上がっています。

下ごしらえした野菜や肉、魚と調味料をセットにした「ミールキット」。このミールキットを購入する会員数が２０１７年6月末時点で5・5万人と1年前から約45％も増加。

２０１９年度も1Ｑ（第一四半期）決算から利益が前年比で7倍増になるなど、絶好調。株価も２０１８年から一気に急騰しています。

7034 プロレド・パートナーズ

２０１８年7月に新規上場したプロレドＰ。コンサルティング会社ですが、経費削減や合理化などのコンサルがメイン。さらに特徴的なのが、完全成果報酬型という新たな形態、あるいはビジネスモデルを確立したこと。

２０１８年度の業績予想は売上高で41％増、純利益で約80％増の急拡大計画を掲げるも、通期を待たずに早々クリアしました。

コンサルティングを事業とする上場企業は他にもありますが、成果報酬型は参入障壁やハードルが高く、今後も成長が期待できそうです。

9450 ファイバーゲート

賃貸物件オーナーや商業施設向けにＷｉ‐Ｆｉサービス提供するファイバーゲートですが、２０１９年以降も高い成長が続くと予想しています。

その理由ですが、入居者の要望としてＷｉ‐Ｆｉ設備完備のニーズが高いことに比べて、普及率はまだまだ低水準で開拓余地が大きくあること。「レジデンスＷｉ‐Ｆｉは、この5年間で倍以上に増えると思います」という社長発言もあり、フリーＷｉ‐Ｆｉ事業においてもインバウンドや政府の推進などの後押しを受けて拡大が見込まれています。旺盛な需要を追い風に、同社の成長は今後もしばらく続くでしょう。


最後に以上５つの会社のチャートを掲載しておきます。

【トラストテック（2154）チャート】

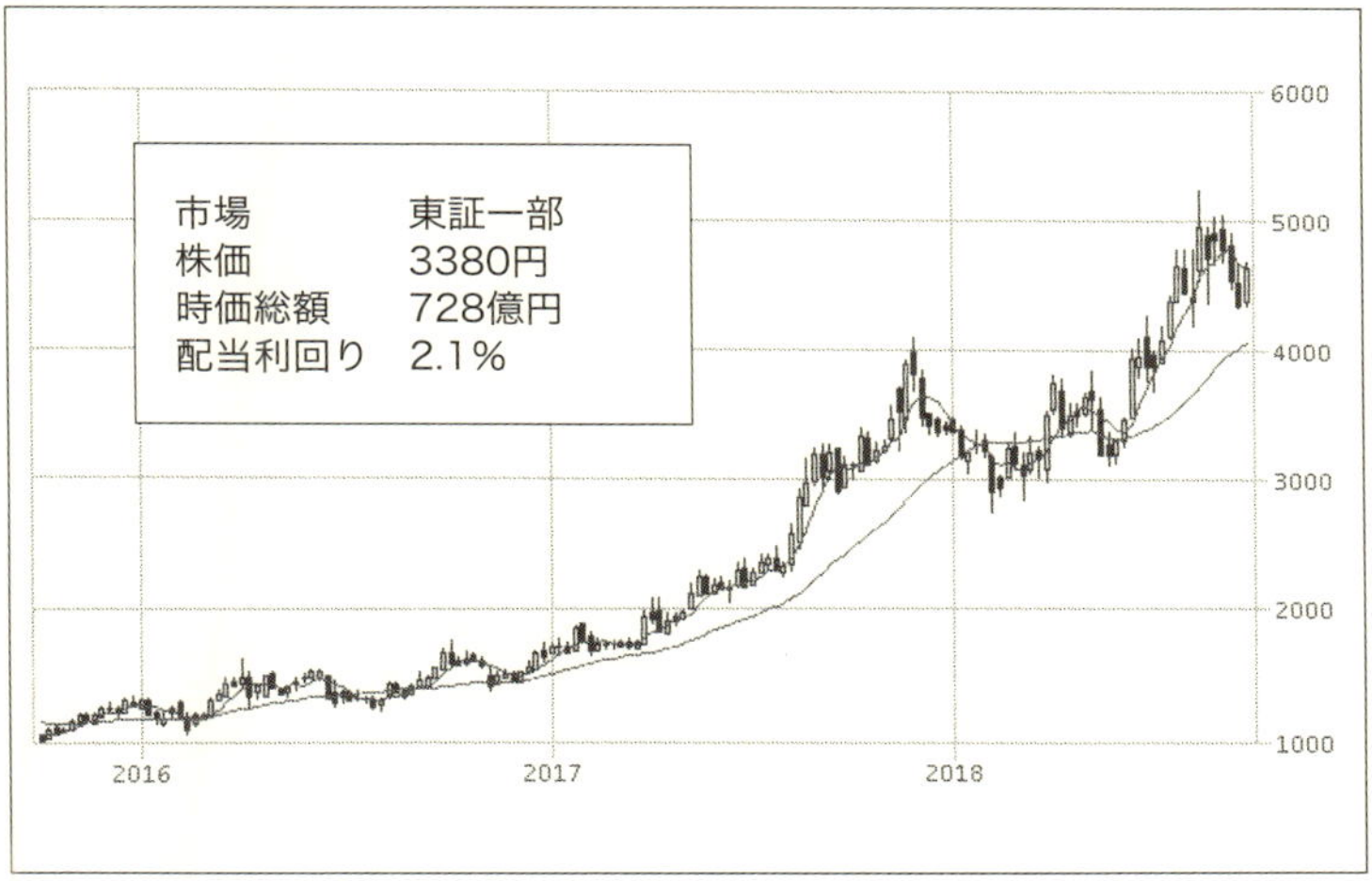

【大木ヘルスケアHD（3417）チャート】

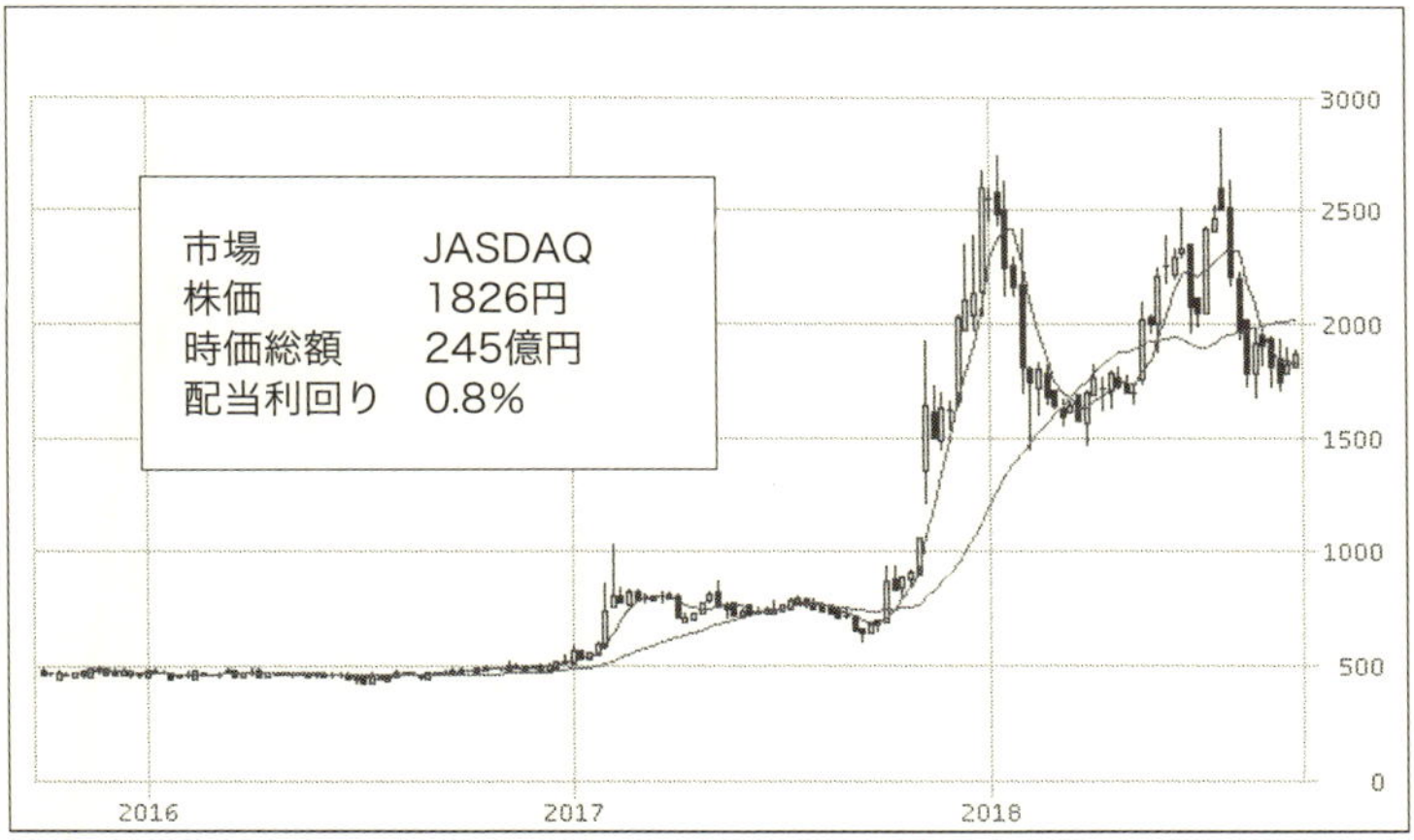

【オイシックス・ラ・大地（3182）チャート】

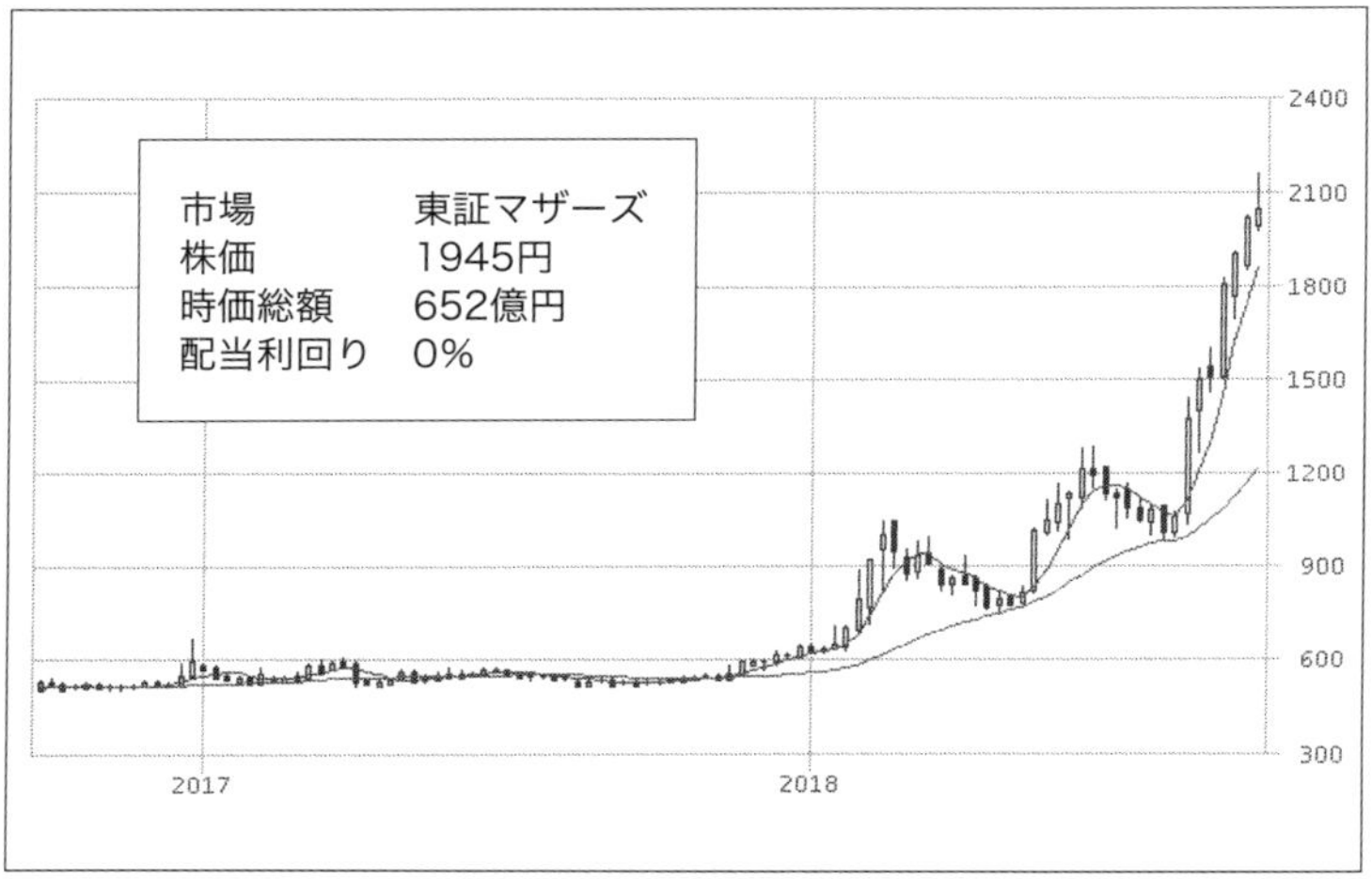

【プロレド・パートナーズ（7034）チャート】

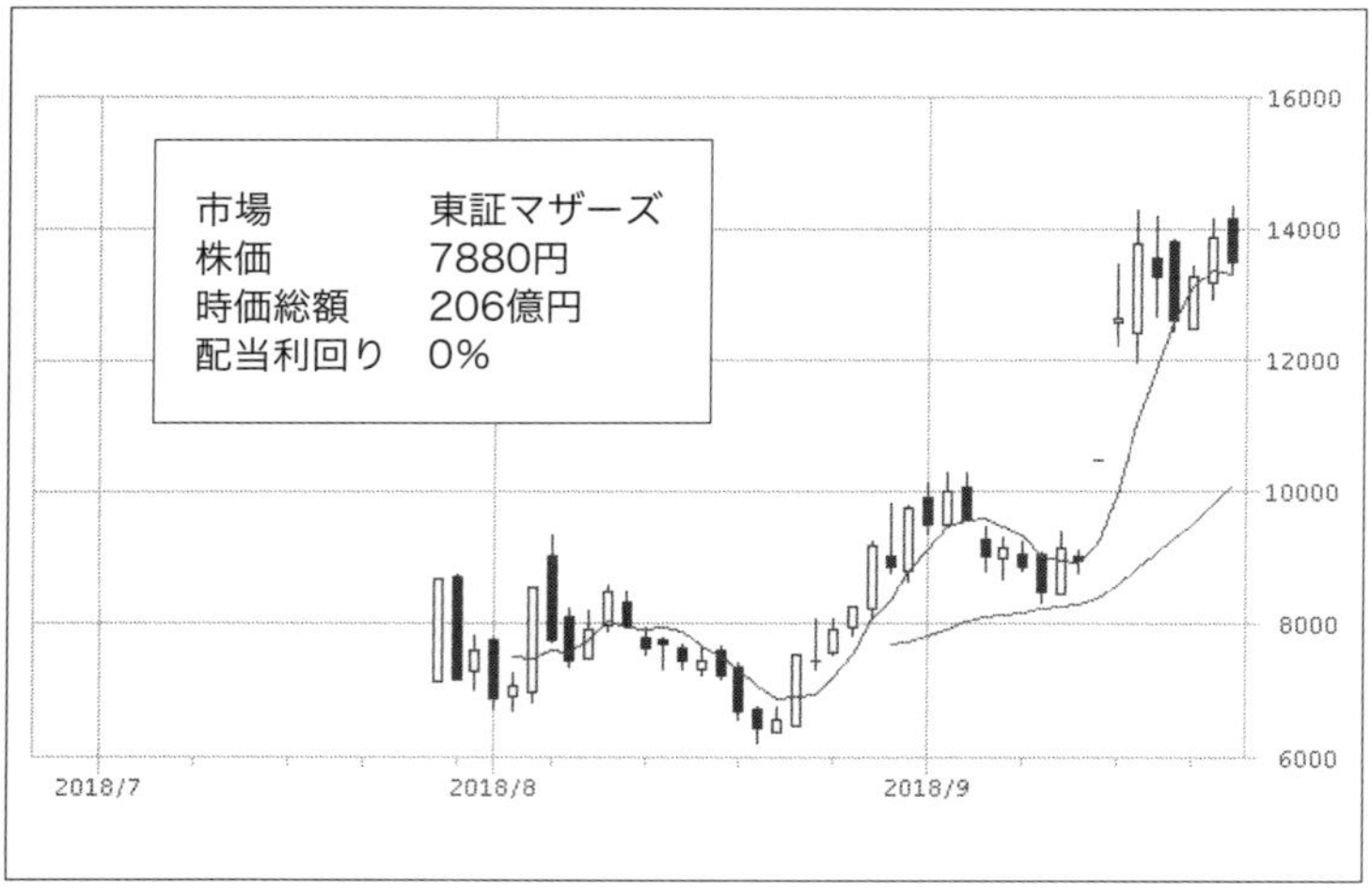

【ファイバーゲート（9450）チャート】

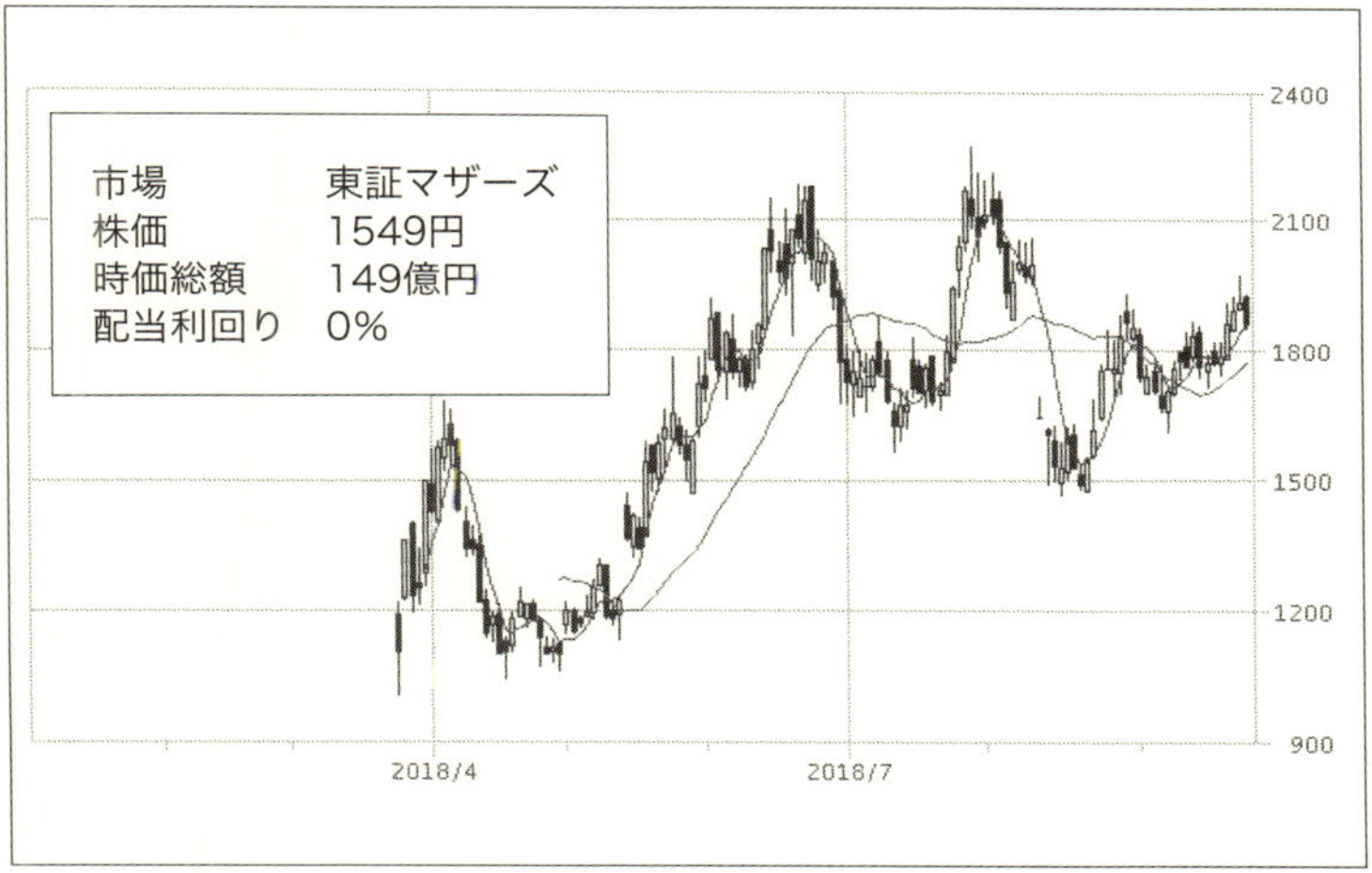

おわりに……１勝１敗３引き分けでもボロ儲けできる投資法

投資をすれば、自然と生き方も改革できる

安倍晋三首相は２０１６年９月「働き方改革実現推進室」を設置し、働き方改革の取り組みを提唱しました。

働き方改革とは、従来の長時間労働、低賃金。正規雇用と非正規雇用の格差。ブラック企業といった悪しき習慣を是正、根絶していく取組です。

また、子育てや介護をしながらでも働くことができるように、多様な働き方を可能にする制度を作る設計図でもあります。

日本は人口減少、少子高齢化社会がすでに到来しています。

それと同じく、生産年齢人口が総人口を上回るペースで減少しているという事実もあります。

労働力の主力となる生産年齢人口（15～64歳）は平成７（１９９５）年に８０００万人を超えていましたが、それ以降は減少の一途をたどっています。

国立社会保障・人口問題研究所が発表した出生中位推計の結果によれば、生産年齢人口

は2027年には7000万人、2051年には5000万人まで減少すると予測されています。

また、2016年には、出生数が初めて100万人を割り込むなど、人口動態についてはいい話が一つもありません。

このままでは国全体の生産力低下は避けられないとして、内閣が働き方改革に乗り出しました。この改革は数十年というスパンで続く取り組みですが、株式市場においても、イノベーション（経済発展の一因としての技術革新）を掲げた企業が誕生しています。

新産業、技術イノベーションの代表的なテーマでは、IoT、AI、ブロックチェーン技術、フィンテック、ビッグデータ、RPA、ドローン、自動運転、ロボットなど、数多くのテクノロジーが誕生しています。

再生可能エネルギー分野では、EV、燃料電池、全個体電池などの新型電池。スマートメーターやインフラ設備の急速な普及など。

働き方改革というキーワードでも、転職支援、人材派遣、専業主婦や高齢者層の就業支援、家計向けの会計アプリ、在宅勤務など就労者支援サービス。

企業向けにも、会計管理ソフト、アウトソーシング、企業コンサルタント、M&Aなど、企業成長やコスト削減を支援するサービスが続々と生まれています。

新技術の力を上手く活用すれば、働き方だけでなく、生活様式。つまり、生き方も改革されていくと感じます。

日本最大級のファッション通販サイト「ＺＯＺＯＴＯＷＮ」を運営するスタートトゥデイ（３０９２）は1日6時間労働をはじめ、生産性やワークライフバランスの向上を目指した人事施策を導入しています。

同社はリーマンショックから10年で株価が32倍になった、文字通り大化け株なのです。

これからは、働き方改革を積極的に取り入れ、生産性を上げる一方、労働時間を減らすという**相反する条件を新技術により成し遂げていく企業が、次の成功企業、すなわち成長株となっていく**でしょう。

労働時間が減ったときの武器としての投資

あなたも将来働く時間が減り、余暇が増えることが予想されます。空いた時間を、株式投資に割いてみてはいかがでしょうか？

株式投資は、誰にでも始められます。

資格や受験に受かるといった一定のハードルはないのです。年齢制限もなく性別も関係ありません。

親の承諾は必要ですが、２０１６年4月から始まったジュニアＮＩＳＡであれば、0歳からでも株式投資を始められるのです。（ジュニアＮＩＳＡは18歳になるまで原則引き出せないなど、いくつかの上限があります。詳細は証券口座のホームページ等でご確認ください。）

新技術を有する新しい企業のいくつかは、ＩＰＯ（新規上場）銘柄として、株主になることができます。また、ＩＰＯ銘柄の多くは、内需成長株というタイプに分類することができます。

こと日本の将来に関しては暗い話題が多いですが、明るい日本を想像して、次なる内需成長株に投資をしていきましょう。

「勝ち組」ポートフォリオを作ろう

その時に大事なのが、**成長企業を人より早く見つけることと、分散投資**です。

多くの投資家も成長株を探しているのですが、成長がかなり進んだ状態で見つけるか、成長しきった段階になってから気づく人が多いようです。私の場合、半信半疑でも成長の初期段階で、まず１００株購入します。

その後、業績の伸びを最新の決算短信で確認し、業績が好調な企業のみ、買い増しをしていきます。１００株を２００株に。さらに買い増し５００株、１０００株へと増やしていくのです。

そうすることで、**成長株のなかから、さらに成長している極めて優秀な銘柄、言い換えれば一握りの大化け株を掴むことができる**のです。

また、購入後業績が悪化して、シナリオ通りに成長しない企業は買い増しをしないことで、損失を最小限に食い止めることができます。

利益は大きく、損失は小さく抑えられるため、トータルではプラスとなります。実際、購入したすべての銘柄が暴騰したわけではありません。

確率で言えば20％とか25％程度です。

百発百中は絶対不可能

で、購入した銘柄の中でも大化け株は少ないほうです。でもたとえ5銘柄に1つでも、大化け成長株を掴めば、ビッグマネーを手に入れることができます。

5銘柄のうち、3つが収支トントン、1つが損切りとなったとしても、残り1つが株価5倍になったとしたら、トータルでは大幅プラスです。また、業績が好調な株は、途中で買い増しを続けているため、利益額もかなり大きくなっていきます。

配当利回りの高い株式については、初期の投資で500株などまとめ買いをする時もあります。これは、配当金予想は業績予想よりもブレがはるかに少ない。年初に決めた予想の修正がほとんどないためです。

勝ち組企業に継続投資しましょう。勝ち組企業を複数見つけていけば、勝ち組ポートフォリオを作ることができです。

これらの企業からもたらされる株価上昇の恩恵により、あなたの人生も改革されていくはずです。1年後の自分に胸を張って月収20万円の成果報告できるよう、今、この瞬間から投資と向き合い始めていきましょう。

2018年11月

個人投資家　坂本 彰

投資に係るリスクおよび手数料について

1　株取引は価格変動リスクを伴いますので、場合によっては損失を被る場合がありま す。また、株取引には取引業者の売買手数料がかかります。

2　本書は投資一般に関する情報の提供を目的としたものであり、有価証券の取得の勧誘を目的としたものではありません。また、情報の内容の完全性、正確性、適用性、有用性等に関して保証するものではありません。

最終的な投資の意思決定は、ご自身の判断でなさいますようお願いいたします。

出版記念企画

本書では書き切れなかった
ノウハウレポートを無料プレゼント中

▼下記３つのいずれかの方法でアクセスください！
また、提供は予告なく終了することがございます。予めご承知ください。

アクセス方法

方法① 以下のURLからアクセスする。
http://toushi01.com/300.html

方法② 以下のQRコードからアクセスする。

方法③ 下記のアドレスに「お名前（フルネーム）」と「投資ノウハウレポート希望」の旨を記載してメールを送信する。
kabu@toushi01.com

※本特典の提供は、株式会社リーブルが実施します。販売書店、取扱図書館とは関係ございません。お問い合わせはkabu@toushi01.comまでお願いいたします。

坂本彰（さかもと・あきら）

個人投資家。株式会社リーブル代表取締役。

サラリーマン時代に元手10万円から株式投資を始める。2009年10月、130万円だった株式資産は、2017年11月、１億円を突破。多くの失敗と反省を繰り返した末、株で勝つための再現性の高い独自ルールを作り上げる。売買タイミングを重視せず、購入後、最低半年間は保有する中・長期投資派。

2012年より投資顧問業（助言）を取得。現在、著者自身が実践してきた株で成功するための投資ノウハウや有望株情報を会員向けに提供しているかたわら、ブログやコラム等の執筆活動も行う。前職はラーメン屋という異色の経歴。

メールマガジン「日本株投資家　坂本彰　公式メールマガジン」は2014年まぐまぐマネー大賞を受賞。読者数３万人。『ダイヤモンドZAi』『東洋経済オンライン』『Yahoo！ニュース』等メディア掲載歴多数。日本証券アナリスト協会検定会員候補。主な著書に「10万円から始める高配当株投資術」「60歳から10万円で始める高配当株投資術」（ともに、あさ出版）、「『小売お宝株』だけで１億円儲ける法」（日本実業出版社）。

給料《きゅうりょう》は当然《とうぜん》もらって、
株《かぶ》で10万《まん》を１年《ねん》で月収《げっしゅう》20万《まん》に！

2018年12月11日　初版発行
2019年 1月15日　２刷発行

著者　坂本　彰
発行者　常塚嘉明
発行所　株式会社 ぱる出版

〒160-0011　東京都新宿区若葉1-9-16
03（3353）2835—代表　03（3353）2826—FAX
03（3353）3679—編集
振替　東京 00100-3-131586
印刷・製本　中央精版印刷(株)

©2018 Akira Sakamoto　Printed in Japan
落丁・乱丁本は、お取り替えいたします

ISBN978-4-8272-1160-3 C0033